T0285457

Miriam Subirana Vilanova

Mindfulness relacional

De la vacuidad a la plenitud

© Miriam Subirana Vilanova

© de la edición en castellano:
2023 Editorial Kairós, S.A.
Numancia 117-121, 08029 Barcelona, España
www.editorialkairos.com

Diseño cubierta: Editorial Kairós
Imagen cubierta © Alleks/Dreamstime.com
Fotocomposición: Florence Carreté
Impresión y encuadernación: Romanyà-Valls. 08786 Capellades

Primera edición: Junio 2023
ISBN: 978-84-1121-141-3
Depósito legal: B 9.120-2023

Este libro ha sido impreso con papel que proviene de fuentes
respetuosas con la sociedad y el medio ambiente y cuenta con los
requisitos necesarios para ser considerado un «libro amigo de los bosques».

Muchas cosas tienen que cambiar de rumbo, pero somos nosotros los seres humanos sobre todo los que necesitamos cambiar. Nos falta conciencia de nuestro origen común, de nuestra pertenencia mutua y de un futuro que se comparta con todos. Esta conciencia básica permitiría el desarrollo de nuevas convicciones, actitudes y formas de vida. Un gran desafío cultural, espiritual y educativo está ante nosotros, y exigirá que nos pongamos en el largo camino de la renovación.

Laudato si. Papa Francisco[1]

Lentamente, el mundo empieza a darse cuenta de que el bienestar futuro de este planeta no depende del estado de las mentes individuales, sino del proceso relacional al que los estados mentales deben su existencia. Miriam Subirana da un gran paso para cerrar el abismo entre el mindfulness individual y el proceso relacional. Reuniendo tradiciones tanto antiguas como modernas, teje un tapiz único de comprensión, uno que proporciona orden y dirección en un mundo de cambios caóticos. Estas ideas, a su vez, sirven como trampolín para una rica variedad de prácticas que pueden centrar nuestro ser dentro del todo relacional. Estas son prácticas que no solo nutren el propio bienestar, sino el bienestar de todos.

KENNETH GERGEN

Agradecimientos

Mi agradecimiento a Kenneth Gergen, por su amistad y por su valiosa aportación al construccionismo social y al ser relacional; a Roberto Arístegui, por su amistad, presencia y todo lo que aporta al desarrollo del mindfulness relacional; a Javier García Campayo, por su contribución a los avances del mindfulness y su vínculo con la no-dualidad.

A Franz Jalics, por ser maestro en comunión y presencia, por su bendición, apoyo y guía; y a Raimon Panikkar, por su propuesta cosmoteándrica, que nos ayuda a comprender la dimensión de la no-dualidad trinitaria.

Sumario

Prólogo

En la actualidad, el mindfulness es reconocido como un relevante movimiento de desarrollo humano de gran impacto y evidente potencial transformador de la cultura, lo que explica que esté ampliamente vigente. El mindfulness puede ser entendido de dos diferentes maneras. En la visión predominante ha sido traducido/interpretado como una práctica individual desde un yo delimitado. La perspectiva emergente presente en este libro comprende que el mindfulness es relacional y la autora lo desarrolla desde un enfoque integrador.

Actualmente vivimos muchas polarizaciones a nivel político, social y económico. Una de ellas surge de la tradición sujeto-objeto. Es habitual en esta tradición caer en polarizaciones, ya sea de objetivismo o subjetivismo. Así, por ejemplo, los inevitables intentos por no sucumbir al objetivismo, cosificación o alienación, como formas de vida que predominan en la situación contemporánea, reinciden en volver a una comprensión del ser que pone de relieve el subjetivismo y, por tanto, la mente como un espacio interno en la oposición dentro-fuera. La distinción del ser delimitado, parcial, fragmentado, desde el ser relacional, como señala Kenneth Gergen, y que acertadamente retoma la autora como parte del título de la presente publicación, permite dar el paso relevante desde la visión tradicional dualista hacia esta nueva dimensión de integración.

Es necesario superar la visión del mindfulness entendido como individualista. El mismo nombre «mindfulness» pone en el centro la mente, entendida como individual y separada del mundo. Esta es la diferenciación que aparece con gran nitidez cuando se apunta al mindfulness como inherentemente relacional. Con esto, no se pretende señalar algo así como un añadido externo al término o al proceso mismo de estar siendo consciente en el momento presente, sino que, precisamente, se trata de explicitar la dimensión esencial del mindfulness, entendido como un modo de ser-en-el-mundo con-los-otros. Resulta pertinente develar que «ser» no es algo que ocurre en el interior de la mente como reflejo ni como una representación interna de lo que está «fuera».

La meditación mindfulness no es una representación mental de algo *presente-ante-los-ojos*. Tampoco responde a una actitud epistemológica del conocer «acerca de» algo reflexivamente. Es un modo de *ser-en-el-mundo-comprometido con los demás*. Es una apertura de sentido a un modo de ser en el mundo encarnado y relacional. Entonces, más que una competencia lingüística, que expresa o manifiesta un concepto, es una experiencia vital, es un modo de estar en la vida.

Esta es la perspectiva a la cual se suma la autora cuando cuestiona la dimensión individual de las definiciones del mindfulness y se abre al enfoque relacional de McCown; al énfasis en el budismo relacional de Kwee, o a nuestra interpretación de «ser relacional» propuesta por Kenneth Gergen. Por supuesto, ella ya venía desarrollando, junto a David Cooperrider (creador de la indagación apreciativa), una posición relacional compatible con el construccionismo social y la indagación apreciativa, una novedosa versión y actualización de la metodología de *investigación-acción* que se aplica en el mundo de la vida social relacional a personas, comunidades de aprendizaje y organizaciones. A la vez, posee una amplia y reconocida trayectoria como prolífica escritora (más de una docena de libros señalan una senda espiritual en la búsqueda de la comprensión profunda del sentido de la vida) en el campo de la meditación, yendo al encuentro del diálogo con las tradiciones contemplativas de Oriente y Occidente.

Desde su mirada primordialmente humanista, Miriam Subirana,[*] con una vasta experiencia de primera mano en procesos de desarrollo personal en comunidades de práctica en el ámbito contemplativo, donde se encuentran tradiciones vinculadas al origen del mindfulness y a otras experiencias contemplativas de raíz cristiana, representa un enorme aporte y testimonio para el desarrollo del naciente campo del mindfulness relacional.

Tomando una formulación de Francisco Varela –que propone una versión no deliberativa de la ética en acción–, afirmamos que la meditación surge en un espacio de trasfondo social consensual durante los encuentros con otros en el afrontamiento de quiebres recurrentes del proceso de vida. En ese espacio de crisis –donde también es posible «perder el hilo» del acceso al trasfondo social compartido colaborativo y buscar reactivamente subterfugios de carácter sustitutivo para enfrentar de forma aislada las dificultades, sin recurrir a integrarse a la experiencia de participar en una situación humana compartida–, se encuentra la posibilidad de acceder a la práctica del mindfulness relacional, que posibilita «volver a reconectar» con el ser relacional no-dual, superando el aislamiento más allá de la aparición de la dualidad, en la que no es posible seguir existiendo, es decir, «en condiciones de imposibilidad de existir» –como diría Sartre–, a menos que surja la posibilidad de reconectarse con el ser esencial en el mundo con los otros, deviniendo así en un ser relacional situado.

---

*   Miriam Subirana es, además, doctora en Arte por la Facultad de Bellas Artes de la Universidad de Barcelona, artista, escritora, *coach* y formadora en indagación apreciativa.

El ejemplo clásico que nos muestra Francisco Varela, en consonancia con lo que copiosamente ilustran los planteamientos del presente texto, es el que se refiere al suceso de un niño que cae a un foso. Inmediata y prerreflexivamente, no solo se «sabe qué hacer» para cuidarlo y sostenerlo, también aparece una ética en acción que involucra un «saber cómo actuar» de manera espontánea. El actuar no deliberativamente no es una observación de lo externo, desde un nivel abstracto interno de contemplación teórica, sino que emerge desde una sabiduría encarnada que impulsa el movimiento compasivo de sostener a la niña o al niño antes de su caída: el gesto protector o el momento mindfulness relacional. Este tipo de «saber hacer» surge de un modo de *ser-con-el-otro-compasivamente-en-el-mundo*.

El modo de ser relacional está involucrado, comprometido con el otro, así como consigo mismo como un Otro. Es en esta óptica en la que sitúo el presente trabajo de Miriam Subirana, como un movimiento de *ética-en-acción*, expresión de un modo de *ser-con-otro*, una virtud social que se configura desde el trasfondo práctico en el dominio del ser relacional.

Adentrándonos en ese camino, lo que me motiva poderosamente en su propuesta es el marco de comprensión hermenéutica que provee la autora para captar las distintas oleadas de mindfulness y compasión: como sucesivas síntesis que permiten apreciar el lugar que hoy se le asigna a la perspectiva del mindfulness relacional. Nos encontramos con una versión del desarrollo del mindfulness que se integra desde los orígenes históricos previos al budismo, desde la evolución de los planteamientos del Buda, hasta las etapas que llegan al presente y que «desencubren» los tópicos centrales que permiten visualizar un devenir futuro del movimiento. Es así como podemos acompañar la dialéctica de un proceso de totalización-destotalización

y retotalización* en curso (a diferencia de una totalidad completa y
cerrada), que supera las oposiciones del camino y que se remonta
más allá de la «deconstrucción» del yo.

Momento donde existiría la tentación de interpretar el significado
vivido en el contexto de la meditación mindfulness como un acceso
solo proposicionalmente, lo que implica que experiencias de la conciencia corporal del sí mismo devienen como dimensiones vividas
no representacionalmente. Permitiéndome una expresión personal
según la mirada apreciativa, diré que, de una manera poética, en el
sentido de que la última línea no está escrita aún, la citada autora
nos conduce hacia un espacio donde se puede contemplar la propia
experiencia de poder *ser-con-otros*.

Expresándolo metafóricamente, tomamos parte en el darnos
cuenta del renacimiento de la conciencia mientras dejamos pasar
los pensamientos, «como un contemplar el paso de las nubes bajo
el cielo azul». La autora nos guía por un ciclo que posibilita advertir
la luminosidad de las diferentes etapas del mindfulness en tránsito
hacia la culminación de un desarrollo (cual «lucero de la tarde»),**
que se proyecta hacia una nueva visión en curso como postmindfulness, y que, al mismo tiempo, bien podría ser el advenimiento de
llegar a ser «el lucero de la mañana o la estrella vespertina» de un
nuevo amanecer de encuentro en la meditación contemplativa. Esto
quiere decir que hay más de un sentido válido en juego, dependiendo
de dónde estemos situados, en el devenir de los nuevos descubri-
mientos y prácticas compartidas que van apareciendo en un trayecto

---

*   Utilizando el vocabulario del método progresivo regresivo de Sartre de su *Crítica
      de la razón dialéctica I*, Losada, Buenos Aires, 1963.
**   Expresión usada con un sentido concreto, «atardecer», con connotaciones poéticas,
      artísticas y místicas, y que, además, se relaciona con Venus.

que podemos vivenciarlo como una posibilidad fascinante en la que estamos todos inmersos.

El texto incursiona profundamente en las tradiciones del yo y el no-yo, como ya hemos señalado, ofreciendo y articulando esclarecedoras reconfiguraciones del *self* (sí mismo), vistas como propuestas de coordinaciones de acción conjunta. Me parece que estamos en presencia de una estimulante invitación, sostenida con maestría en sucesivos puntos de confluencia del sí mismo relacional de cada uno y con los demás. En cada etapa, va iluminando con notable diafanidad las dimensiones existentes en las distintas facetas de la búsqueda del encuentro entre la propia intimidad relacional y la de los otros. Al mismo tiempo, descubre el contenido de los sucesivos discursos del sí mismo, que incluyen el romántico, el moderno y el relacional. En este sentido, Miriam Subirana provee de los medios, de tipo relacional, los cuales permitirán a sus lectores crecer y gozar durante la navegación por sus párrafos.

ROBERTO ARÍSTEGUI LAGOS
Santiago de Chile, noviembre de 2022

Introducción.
Mejorar la relación contigo, con los otros y con el mundo

En este libro encontrarás propuestas para mejorar la relación contigo mismo, con tu mente, tus emociones y tu ser, y permanecer en serenidad y armonía; para mejorar la relación con los otros y con el mundo, y para vivir plenamente. Planteo un regreso a los orígenes de la práctica de la meditación, en un recorrido que pasa por la meditación budista, la meditación *advaita* de origen védico y la meditación contemplativa cristiana. Veremos cómo estas prácticas inciden positivamente en nuestro ser, estar y hacer en el mundo. El propósito de estas diferentes maneras de abordar la práctica meditativa se centra en dejar de ser quienes no somos, generar vacuidad para que se revele nuestra verdadera naturaleza del ser y, desde ahí, mejorar nuestras relaciones, erradicar el sufrimiento y vivir en plenitud.

El mindfulness relacional nos invita a explorar desde dónde practicamos la meditación, desde qué yo y desde qué ser. En Occidente, muchas prácticas del mindfulness se plantean a partir del yo individual y separado. En este libro propongo caminar por varios puentes, que nos permitan pasar del mindfulness secularizado al mindfulness relacional y, de este, a un «postmindfulness» que nos lleve a la práctica contemplativa, en la cual atravesamos otro puente que nos conduce de la vacuidad a la plenitud, hacia el *atman,* el núcleo sano, la esencia positiva y vital del ser.

Mi planteamiento surge de comprender el contexto en el cual se ha enmarcado el mindfulness en Occidente y la necesidad de regresar a sus raíces relacionales, para que puedas aprender a practicar el mindfulness relacional. La práctica te lleva a vivir desde tu ser relacional, en presencia plena y con una mente que vive en la unidad y la adualidad (no-dualidad), y no en la separación, en la división ni en la polaridad. Propongo regresar a la conciencia de abundancia que se vive desde la mente y el ser que percibe desde el todo. La práctica supone desafiar el orden individualista imperante basado en el ego y en la separación. Consiste en cultivar la comprensión de que la transformación, así como la solución de los problemas, ocurren reconociendo la interdependencia con el todo y entre nuestros procesos diarios relacionales, de intercambio y compromiso con los otros. Se trata de pasar de vivir desde la mente de separación a la presencia plena –en el ámbito personal y profesional–, incluyendo el contexto y el espacio de encuentro y la relación con otras personas.

La mentalidad de la separación lo ve todo a través de la dualidad: correcto-erróneo, positivo-negativo, justo-injusto, bueno-malo, hermoso-feo, dentro-fuera, sujeto-objeto, etcétera. Le falta ecuanimidad. Percibe la dominación y la subordinación, la jerarquía, la escasez, la competitividad y la supervivencia. Opera desde un paradigma de *poder sobre* en vez de *poder con*.

Quizá sintamos insatisfacción con nuestra vida, aislamiento, depresión, ansiedad, soledad, o puede que las diferentes situaciones y relaciones nos sobrepasan. Hay personas que ya han dejado de intentar tener relaciones saludables, íntimas y cercanas, por agotamiento, o sencillamente porque les desborda el alto nivel de toxicidad, locura, egoísmo, individualismo e ignorancia que imperan. Las creencias y los hábitos que nos impiden amarnos bien y plenamente, cuidarnos y cuidar del planeta, surgen de un malentendido: el espejismo de la separación. La mente de la separación nos ha alejado de los principios de abundancia, generosidad, reciprocidad e interdependencia que rigen en la naturaleza.

En todo momento contamos con la elección de retornar a la interconexión o de separarnos. A menudo no somos conscientes de ello y actuamos desde el piloto automático, los hábitos y condicionantes, y nos separamos de nuestro núcleo sano, positivo, vital y relacional. Cuando vivimos con la mentalidad de separación, no estamos plenamente presentes en la interconexión y perdemos energía. **Cada vez que vivimos con la mente que percibe desde el todo y estamos en presencia plena, nuestro ser se energiza y revitaliza.**

La interconexión es un estado natural del ser, sin embargo, dejamos de sentirlo al vivir en un entorno que nos condicionó a partir de la infancia. Aprendimos a etiquetar, comparar, reaccionar a la vida desde un lugar de desconexión, en vez de percibir desde el todo, la unidad con la vida. En inglés se dice *oneness* en vez de *unity*, sin embargo, en castellano ambas palabras se traducen como «unidad». *Oneness* sería darse cuenta de que todo está interrelacionado y, por lo tanto, unido e interdependiente de alguna forma con el resto. Solo nos permitimos experimentar la no separación cuando estamos en la naturaleza, inmersos en el deporte o en alguna actividad que requiere mucho esfuerzo físico, interpretando música o creando arte, pasando el tiempo con niñas y niños, o enamorándonos. Conocemos ese estado de no separación, pero por lo general lo vivimos como algo temporal y pasajero. En los próximos capítulos, te sugiero recorridos y prácticas para que sea un modo de ser y estar en el mundo.

Te propongo un espacio de desarrollo y bienestar relacional que nos implique a todos, en el cual nuestras prácticas son relacionales y para el bien de todos, a partir de una conciencia plena. Al releer algunos de mis libros, me doy cuenta de que ya he tratado temas vinculados con el mindfulness relacional sin mencionarlo específicamente. Ahora es el momento de ponerle nombre.

En la mayoría de las propuestas de mindfulness, se ofrecen prácticas planteadas desde el yo individual. En las próximas páginas, te planteo un retorno al origen del mindfulness como *heartfulness* y presencia plena, practicado desde la mirada y el ser relacional que somos. Necesitamos pasar de la mente de separación a la mente que conecta y une, mediante prácticas que nos hagan avanzar como comunidad humana, que fortalezcan nuestros vínculos saludables y el compromiso para abordar colectivamente las situaciones que nos implican.

Compartiré contigo propuestas para dejar atrás la mente que separa y es dualista, para desarrollar una mente adual, un retorno a la interconexión, disolviendo el espejismo de la separación y recordando la interrelación del todo con el todo. Aquí encontrarás ideas y prácticas relacionales para mejorar el bienestar, la autoestima, la presencia, el *engagement* y el compromiso; para reducir e incluso atravesar y disolver el sufrimiento; para el autoconocimiento y la sabiduría relacional; para asentarte en tu centro vital; para vivir en plenitud; para generar actitudes abiertas y cooperativas, y así avanzar juntos en la construcción de un mundo más amable, pacífico y en armonía.

Creo puentes entre las bases budistas del mindfulness y la adualidad *advaita*, la meditación de origen índico y la concepción y vivencia cosmoteándricas de raíces cristianas. La realidad cosmoteándrica es aquella en la que todas las fuerzas del universo –las electromagnéticas, de la naturaleza, las divinas, las de la conciencia humana– están entrelazadas. Es una no-dualidad trinitaria. Se vive en el presente en una interrelación no separable entre el cosmos, el Teo y el andros. Construyo estos puentes como un diálogo, que desarrollo en los siguientes capítulos. Diría que mi propuesta es un postmindfulness dentro de un movimiento espiritual y camino contemplativo, en el cual la sabiduría, lo ético y el silencio son pilares esenciales.

Para prosperar como personas, comunidades, organizaciones y pueblos, debemos estar dispuestos a reconectar con nuestra conciencia que percibe desde el ser relacional, en presencia plena, siendo conscientes de todo el sistema relacional y de cómo se desarrollan los procesos en las múltiples dimensiones de las relaciones. Se trata de pasar de operar desde la mente de separación a operar desde el ser que percibe desde el todo y profundizar en nuestro vivir plenamente presentes desde la mente adual y el ser relacional.

Parte I

Contexto, sentido y breve historia del mindfulness en Occidente

1. ¿Cuál es el sentido?

Gran parte del sufrimiento, si no todo, podría evitarse. No podemos contenerlo ni abarcarlo. Nos hemos desconectado para defendernos de la invasión constante de noticias terribles. Es como si para vivir hubiéramos tenido que anestesiarnos hasta hacernos inmunes al sufrimiento ajeno.

El desencanto y el *disengagement,* la falta de compromiso y el cinismo se han apoderado de gran parte de la sociedad occidental. Los niveles de estrés, depresión y ansiedad de muchas personas –jóvenes y mayores– son insanos, por la falta de armonía y el desequilibrio a diferentes niveles. El individualismo y los problemas personales hacen que el ser humano se aísle más porque, por un lado, se siente impotente, en una indefensión aprendida, y, por otro, siente la necesidad de defenderse de los ataques, del exceso de información, publicidad y distracción y de la violencia imperante.

A muchas personas parece no importarles la cantidad de gente que se muere, aun cuando sus muertes prematuras se podrían evitar, proporcionándoles cobijo, agua potable, comida, educación, posibilidades laborales y medicamentos. Hay muchas iniciativas solidarias, pero para lograr soluciones globales se necesita más implicación, más solidaridad, más compasión real y un compartir más generoso; en especial de parte de los que más poseen.

Vivimos desconectados y poco o nada parece ser sagrado. Todo se convierte en un instrumento que podemos manipular para que el mundo encaje con nuestras necesidades, movidos por motivos instrumentales. Nos hemos convertido en *homo economicus* y vivimos en una cultura preocupada por la producción. Estamos presenciando el desmoronamiento de muchas estructuras que ya no son sostenibles. Nuestras maneras de convivir con el planeta y entre nosotros son insostenibles. **Necesitamos prácticas relacionales que nos impulsen como comunidad humana a comprometernos e involucrarnos para abordar las situaciones en las que nos vemos implicados.**

En el origen budista del mindfulness, el propósito era erradicar el sufrimiento. Sin embargo, el mindfulness ha sido entendido y aplicado en Occidente mayoritariamente desde una perspectiva individualista, como una práctica de desarrollo humano limitada a la persona individual. El concepto de uno mismo, el que aplica el mindfulness, se ha basado en la concepción del yo delimitado, individual, independiente y separado del otro, de lo otro y del contexto. Se ha llevado una práctica milenaria oriental al contexto occidental, en el cual, desde la modernidad, los problemas y retos se convierten en un problema del individuo. En este individualismo en el que estamos inmersos, se considera que los problemas y el sufrimiento son tuyos, y eres tú y es en tu mente donde debes cambiar y solucionarlos. La práctica, en este contexto, invita más a evitar individualmente que a comprometerse por completo con los otros. Como se verá, en el mindfulness relacional se considera que el problema no es solo tuyo, sino que es sistémico y que es desde lo sistémico desde donde se ha de abordar.

Lo que ha ocurrido es que en Occidente se ha importado el mindfulness y se ha encajado en los esquemas culturales y científicos occidentales. Vivimos en una cultura en la que se enfatiza la objetividad y se concibe un adentro y un afuera; en un polo está el sujeto y, enfrente, el objeto. El sujeto está circunscrito al ser delimitado, separado, observa el objeto y se hace una representación de este. Esta concepción, cognitivo representacional, aún prevalece, sustentándose en la creencia de que el conocimiento y la mente son reflejo de lo externo y lo que hace la mente es «pintar», representar, lo externo. Es un dualismo moderno (es decir, que surge en la época que denominamos modernidad).[2] Véase más desarrollado este tema en el apartado sobre el yo narrativo en la página 71. Mi propuesta es que, como seres humanos, necesitamos la interacción para así coconstruir la realidad juntos, no meramente reflejarla.

Muchas de las prácticas populares del mindfulness mantienen el centro de atención en el individuo, a expensas de patologizar a la persona e ignorar las prácticas sociales más amplias que hacen que vivir sea muchas veces insostenible o insoportable. Se reduce el mindfulness a una búsqueda egoísta para la relajación individual, así como para adaptarse a contextos tóxicos y seguir produciendo, consiguiendo y logrando. Es más fácil recomendar prácticas de mindfulness a trabajadores agotados, o a estudiantes universitarios ansiosos por las fechas de entrega de trabajos y exámenes, que cuestionar la condición del lugar de trabajo o las formas en las que educamos.

Al secularizar el mindfulness, este resulta más aplicable al entorno organizacional y empresarial, colabora en la reducción del estrés y mejora la atención y la presencia; sin embargo, puede llevar a una aceptación de las condiciones laborales, viviéndolas con menos estrés, pero dejando de ser propulsores del cambio. Se aprende a reducir el estrés en un entorno tenso e incluso tóxico, sin luchar por cambiarlo. Al encuadrar el estrés como un problema personal, se ofrece el mindfulness como un antídoto para ayudar al trabajador a rendir más y mejor en un contexto desequilibrado y a menudo poco saludable. En algunos entornos se utiliza como una técnica que sirve de narcótico anestesiante en vez de como un verdadero despertar.

La secularización, que aleja la práctica de sus orígenes éticos y filosóficos, acomoda el mindfulness a una técnica, por lo que se convierte en un producto de mercado en el cual se desnaturaliza la práctica y se deteriora tanto que es como los alimentos refinados: se les extrae la sustancia vital, esencial, y esta luego se vende en pastillas o se utiliza en la elaboración de medicamentos. Es el caso de la harina blanca refinada, que, por un lado, se vende y, por otro, se hallan el germen de trigo y el salvado de trigo. Se dividen y separan los ingredientes esenciales, con lo cual se pierde valor nutritivo y vitalidad, cuando en el grano de trigo integral está todo. Siguiendo con esta metáfora del trigo, se podría decir que al mindfulness secularizado se le extrae el germen y el salvado y, entonces, ya no posee la misma esencia ni nutrición. Pierde la fuerza transformadora y vital, y el sentido de la meditación budista, que forma parte de una propuesta más global para vivir éticamente y erradicar el sufrimiento.

En la actualidad, estamos presenciando en Occidente una popularidad creciente del movimiento mindfulness, que promete una mejora de la eficiencia laboral, una reducción del absentismo y un incremento de las habilidades sociales necesarias de cara al éxito profesional. Se está convirtiendo en un negocio para *coaches*, consultores y conferenciantes, muchos de los cuales están desligando, o ya han desconectado, el mindfulness de sus orígenes: la meditación budista.

Históricamente, en el ámbito del mindfulness, ha prevalecido en Occidente una noción de sí mismo individual y delimitado, basado en el dualismo cognitivo. El vocabulario utilizado es el de un ser delimitado, independiente del mundo. El mundo está «ahí fuera». En ese entorno se concibe la práctica del mindfulness como la de un yo diferenciado y separado del mundo. Es la práctica del «yo relajo mi mente», «yo relajo mi cuerpo», «yo supero mi estrés»... «Yo», «mi» y «mío» están en el centro de la práctica. En esta absorción de uno consigo mismo, el yo se desconecta, se aísla y se separa del resto. La práctica se desliga de las enseñanzas budistas sistémicas y corre el «peligro» de convertirse en un método para fortalecer el yo-ego y el egocentrismo. Un gran meditador, si no es compasivo y altruista, es decir, si no es alocentrado, no es un gran meditador. **La meditación nos fortalece para influir positivamente en la acción, centrarnos en los otros y en transformar el mundo y las relaciones en bienestar, alegría y armonía.** Un meditador autocentrado corre el riesgo de quedarse atrapado en la maestría de los estados de conciencia, y no vivirlos en la cotidianidad ni lograr que impacten en su ser y estar en el mundo con los otros, contribuyendo a reducir y erradicar el sufrimiento.

Occidente se ha apropiado del mindfulness haciéndolo culturalmente suyo. En ese proceso de apropiación, se han eliminado rasgos espirituales, religiosos y éticos, y se han vinculado las prácticas meditativas a lo cognitivo, alejándose de su origen relacional. De ahí el enfoque y centramiento en la mente y en los procesos mentales del pensamiento. En algunos ámbitos, el mindfulness se entiende como un estado cerebral. Aquel que quiera realmente poner fin al sufrimiento mental, emocional y relacional deberá comprender la amplitud del budismo ya que el mindfulness secularizado no le resultará suficiente.

Quiero también dejar constancia de que los beneficios de este proceso de secularización del mindfulness han sido muchos. Se logró llevar la práctica fuera de los monasterios, donde estaba circunscrita. Se realizaron experimentos científicos exitosos de los múltiples beneficios de su práctica. El aval de la ciencia ha sido necesario para darle difusión en Occidente; los estudios clínicos avalan que estas técnicas son buenas para la salud. El «movimiento» mindfulness ha supuesto un avance en muchas prácticas terapéuticas.

«Se han creado protocolos con diseños cerrados para cumplir con las pautas de investigación estrictas, que responden a exigencias de manualización para hacer comparables los resultados».[3] En este sentido, los protocolos del mindfulness pueden llegar a ser demasiado rígidos. En el siguiente capítulo encontrarás una lista de protocolos del mindfulness. Esta investigación «dura», como la denomina Arístegui, ha sido necesaria para validar científicamente el mindfulness. Gracias a ello, el mindfulness se abrió al mundo y llegó a muchos lugares donde, de otra forma, no habría llegado si no hubiera sido por el proceso de secularización.

De todas maneras, es importante ser conscientes de cómo en ese proceso se ha desvinculado de sus raíces y se ha perdido una gran riqueza. Una de las mayores pérdidas se debe al individualismo occidental en el cual se ha enmarcado. Otra es debida a la simplificación del estado de «no-juicio», en el cual se ha malinterpretado como no desarrollar una conciencia crítica hacia lo que no es beneficioso para el conjunto. No se trata de aislarse socialmente en una absorción ensimismada en la que se empodera una presencia no analítica y no crítica.

En las culturas y lenguas antiguas, a menudo no había distinción entre mente y corazón, en cambio, en las culturas modernas tendemos a quedar atrapados en una división corazón-mente. Esta división abre la trampa a una mente sin corazón (es decir, ser consciente sin compasión, utilizar mindfulness para llevar a cabo con mayor precisión acciones no éticas) o a un corazón *mindless* (es decir, una compasión sin conciencia, como, por ejemplo, ofrecerle una copa más a un amigo alcohólico).

El estado de no juicio que te invito a practicar en meditación es aquel en el que no se etiqueta ni critica, como tampoco se juzgan ideas, pensamientos y personas en un discurso interior que lleva a la queja y a sufrir innecesariamente. Más adelante, en este libro profundizo en el tema. Es necesario diferenciar entre juicio sano, sanador y protector del juicio innecesario que lleva a suponer, encasillar y etiquetar, y a un sufrimiento innecesario.

Las abundantes prácticas de mindfulness en Occidente han devaluado la formación ética y el rol de la sabiduría de las fuentes de las que han bebido y se han centrado en un enfoque instrumental de la práctica con objetivos orientados a los logros individuales. Esto ya ha tenido sus consecuencias, por ejemplo, en personas que se hartan de la meditación, cansadas de estar absortas en sí mismas, intentando mantener una presencia no analítica y no crítica del momento presente. Algunas han querido utilizar la meditación como un atajo espiritual, evitando tratar con las perturbaciones o malestares mentales y emocionales, a menudo relacionales y sociales. En este sentido, el mindfulness ha reforzado el egocentrismo, cuando, en su origen budista, la práctica era y es para deconstruir el yo, como camino para eliminar el sufrimiento de uno mismo y de todos.

Al encuadrar el mindfulness en el individualismo, estudiado «desde fuera» (en tercera persona), no desde la experiencia de la propia persona, se limita la comprensión de la experiencia personal interna. En el mindfulness que propongo se tiene en cuenta la experiencia de la persona, no solo lo que reflejan los aparatos conectados a su cerebro, que muestran que está calmado. Sí, en meditación, el cerebro está calmado, pero… ¿cómo lo está viviendo la persona?,

¿qué le está ocurriendo en ese momento?, ¿cómo la transforma y libera del sufrimiento?, ¿cómo la nutre y le da vitalidad? Muchas investigaciones científicas sobre la práctica del mindfulness se han centrado en el efecto cerebral y físico y no han tenido en cuenta los interrogantes relacionados con la experiencia de quien medita. Desde el mindfulness relacional se comprende la práctica como un ser con el otro y estar presentes transformando el mundo.

Mindfulness es la traducción de la palabra *sati*, el término original en lengua pali, la lengua original del Buda. La traducción como mindfulness es ya en sí un reduccionismo que asocia la práctica con mente (*mind*) y con llena (*full*), en vez de asociarlo a una mente vacía. Como ya propuse en mi libro *La gran liberación: mindfulness y heartfulness,*[4] una traducción más adecuada es *heartfulness*, donde uno practica el ser y estar presente para y con el otro y lo otro. *Heart* es, en inglés, «corazón, centro vital, núcleo».

Podríamos decir que s*ati* es estar despierto, recordar, estar en presencia plena. Algunos autores asocian la palabra *sati* con el concepto *sarati*, que tiene el sentido de recordar. Sería como tener en la mente, tener en el centro, en el núcleo del ser, en el corazón, tener presente, ser consciente. Diríamos que *sati* se describe como un estado de presencia del ser (incluidos su mente, su corazón y su cuerpo) que permite al practicante ver los fenómenos externos e internos como son realmente, es decir, impermanentes, carentes de entidad y que conducen al sufrimiento, en especial cuando nos aferramos a ellos.

Se trata de vivir el interser, la interdependencia con el todo. Mente y corazón son inseparables, y mente/corazón y cuerpo son también una unidad. Necesitamos del cuerpo para experimentar y tener experiencias. Lo que sentimos y pensamos es en y a través del cuerpo.

No podemos separarlo. De ahí la interrelacionalidad de nuestro ser. El término «presencia plena» incluye todos los aspectos de nuestro ser, como son la mente, el corazón, el cuerpo y más, como: la relación con los otros, con todos los seres vivos y con el entorno, la relación con el cosmos y con lo trascendente.

Sati es la esencia de la meditación budista. Está no solo vinculada, sino más bien incrustada, en el Noble Óctuple Sendero, el cual, a su vez, forma parte de las Cuatro Nobles Verdades propuestas por el Buda. Una de ellas es la verdad del camino que conduce a la extinción del sufrimiento. En el Noble Óctuple Sendero, la propuesta consiste en seguirlo como la vía que lleva al cese de *dukkha*, es decir, del sufrimiento. En los elementos del Noble Óctuple Sendero hay una subdivisión en tres categorías básicas: sabiduría, conducta ética o correcta, y entrenamiento de la mente o meditación. Es en esta última donde aparece la meditación budista, a través de la atención correcta y consciencia del momento correcto, la concentración y meditación correcta y el esfuerzo correcto; en la sabiduría intervendrían la visión o comprensión correcta y el pensamiento o determinación correcta; en la conducta ética o virtud, el hablar, actuar correctos y el medio de vida correcto.

En estas páginas, no pretendo dar una visión completa e integral de los fundamentos del budismo. Es algo mucho más complejo y se pueden encontrar libros en los que profundizar sobre estos factores que acabo de esbozar. Sí quiero destacar, no obstante, que la meditación budista está incrustada, desde sus orígenes, en un camino en el que no se pueden separar el resto de los aspectos, como son la conducta ética y la sabiduría, si uno quiere alcanzar una vida virtuosa, pacífica, armoniosa y feliz en su ser y estar en el mundo y contribuir a su mejora y a erradicar el sufrimiento.

2. Breve historia del mindfulness en Occidente

En la corta historia del mindfulness en Occidente podemos ver una evolución que voy a exponer brevemente aquí. La marca principal que nos deja el siglo xx no son las dos guerras mundiales o la descolonización de los imperios, como el británico, o la llegada de la globalización, sino que es, según el historiador Arnold J. Toynbee, la llegada del budismo a Occidente. Esta presencia ofrece una de las principales fuentes para afrontar el sufrimiento, las desgracias y las situaciones negativas como fruto de nuestra condición humana. En el siglo xix, ya empieza a aparecer la influencia budista de forma más estructurada en filósofos como Schopenhauer, Nietzsche y Henry David Thoreau (el primero que traduce a un idioma occidental un *sutra* budista). En el siglo xx, Carl Gustav Jung escribe sobre *El libro tibetano de los muertos* y Herman Hesse escribe *Siddharta*, una historia novelada basada en la biografía de Gautama Siddharta. Uno de los momentos clave de la expansión del budismo se da cuando, en 1950, China invade el Tíbet y, a partir de ese momento, muchos maestros budistas emigran a Estados Unidos y a otros países occidentales.

El primero en utilizar el término «mindfulness» es T.W. Rhys Davids (1843-1922).[5] Posteriormente, en la década de los 1970 se populariza el mindfulness con el sentido de meditación. El maestro budista Thich Nhat Hanh publica, en 1974-1975, el libro *El milagro de mindfulness*, en el cual explica el sentido original del término «mindfulness»: la práctica meditativa en el caminar, en el comer, en la vida cotidiana, es decir, una práctica no desligada de la espiritualidad aplicada a la vida diaria en todas sus dimensiones.

Aun así, el budismo no encaja bien con las prácticas de la psicología occidental, dada su tradición vertical de maestro-discípulo, así como todos los elementos ritualistas que acompañan la práctica. Un gran meditador, Jon Kabat-Zinn, en un retiro de *vipassana* en los años 70, fruto de su experiencia y de una idea, decide separar la meditación budista de los rituales y otros aspectos a los que va asociada y la convierte en un método científico y secular con el objetivo de ayudar a sus pacientes. A ese «nuevo» método lo denomina mindfulness y empieza a aplicarlo en una clínica del centro médico de la Universidad de Massachusetts. En 1990 publica *Full Catastrophe Living*,[6] donde describe el primer modelo de mindfulness secularizado, denominado *Mindfulness Based Stress Reduction* (MBSR), traducido y conocido como programa de reducción de estrés basado en mindfulness. Su adaptación incluye la importancia de la evidencia científica, la secularización y que no tenga reminiscencias religiosas ni culturales.

Intentó, con éxito, que el mindfulness se separara de cualquier reminiscencia budista, *hippie*, o que se asociara a alguna técnica de la Nueva Era. Más tarde fundó el Center for Mindfulness in Medicine, Health Care and Society (Centro para Mindfulness en Medicina, en el Cuidado de la Salud y de la Sociedad), en la Escuela de Medicina de la Universidad de Massachusetts. Con la aplicación del mindfulness en hospitales y en psicoterapia, ha logrado ayudar a pacientes estresados por su estado de salud. Aparece, entonces, el mindfulness 2.0, es decir, que se trata de una práctica no ligada al Noble Óctuple Sendero ni a las Cuatro Nobles Verdades del budismo. Su aplicación secularizada está claramente desvinculada de la espiritualidad, el budismo y el crecimiento personal. Utiliza los beneficios que implica la práctica de la atención y los extiende a colectivos que no habían meditado nunca ni participado en retiros. En los años 1980-1990, impulsa diversos estudios clínicos y científicos que demuestran su validez en el fomento de la salud. Más tarde, los desarrollos clínicos en mindfulness incluyeron la terapia de actuación y compromiso (ACT) y la *Dialectic Behavioural Therapy* (DBT).

Entrado el siglo XXI, se desarrolló la *Mindfulness Based Cognitive Therapy* (MBCT). Sus autores (Segal *et al.*, 2002) consideraron que el MBSR de Kabat-Zinn podría ser más efectivo en el tratamiento de la depresión recurrente añadiéndole algunas técnicas cognitivas. Estas primeras propuestas de mindfulness impulsan otros protocolos y, a partir de ahí, surge el protocolo *Mindfulness Based Eating* (MB-EAT), que incluye doce sesiones en las que se busca incrementar el conocimiento consciente de las conductas relacionadas con la alimentación. Luego aparecen otros protocolos, como por ejemplo: *Mindfulness Based Relapse Prevention for addictive behaviours* (MBRP), *Mindfulness Based Elder Care* (MBEC), *Mindfulness Based Childbirth and parenting* (MBCP).

Con los años, surgen algunos movimientos que critican el MBSR y otras propuestas asociadas, tildándolas de McMindfulness, es decir, un mindfulness con falta de valores y con una búsqueda de la felicidad hedónica (o egocéntrica. Véase más sobre hedonismo en la página 58). Consideran que el mindfulness se ha descontextualizado, pudiéndose utilizar para cualquier fin, ya sea en el ejército o en la empresa, y que se ofrece como una panacea que sirve para casi todo. Critican que se le dé un objetivo mundano, como curar un dolor de cabeza o reducir la tensión arterial, o bien lograr ser más efectivo como deportista o ejecutivo de una empresa. Cuando, en cambio, el budismo pretende ayudar a las personas a acabar con la raíz de todo sufrimiento y alcanzar la liberación.

Los estudios muestran que muchas de las personas que estudian un curso o formación de mindfulness acaban dejando la práctica: no mantienen su compromiso ni lo llevan a la vida diaria. Solo un 25% al año continúa practicándolo y lo identifican como una forma de vida.[7] Sobre esto, las voces más críticas señalan que eso se debe a que se enseña un mindfulness descontextualizado de la vida, no instaurado dentro de un sistema de valores relacionados con un sentido de la vida, como una práctica y estilo de vida. McMindfulness critica el movimiento del mindfulness secularizado, el mindfulness 2.0, afirmando que se ha convertido en una propuesta utilitaria, mercantilizada y adaptada al sistema capitalista, frente a una práctica que, en origen, cuestionaba este sistema. Reclaman una definición más amplia de mindfulness y más respetuosa con sus orígenes budistas.

La definición central de mindfulness, según Kabat-Zinn, como «[…] prestar atención, en una forma particular, intencionalmente, en el momento presente, sin juicio»,[8] puede entenderse como prestar atención desde la mente, haciéndose una representación mental de lo que ocurre en el momento presente. Dicha comprensión está enmarcada en la dualidad: la mente presta atención a lo que ocurre, hay un dentro y un fuera, un sujeto mental y un objeto al que se le presta atención. Podemos «reformular la noción de atención en términos de percepción como enacción, es decir, no remitiendo a una representación mental, sino a un modo de percepción, guiada motrizmente, encarnada. […] Si nos alejamos del marco individualista –del ser delimitado y separado– de la definición, aparece la dimensión y perspectiva relacional de mindfulness».[9]

Somos varios los autores que estamos poniendo el énfasis en la necesidad de un retorno a los orígenes de las prácticas contemplativas. El mindfulness secularizado ha dado poco peso a la aceptación, la compasión, la ecuanimidad y no ha puesto el énfasis en el desarrollo del mindfulness interpersonal y en la importancia de la práctica grupal.

Cuestionar cómo se estaba dando a conocer y cómo se estaba practicando el mindfulness en Occidente ha dado lugar al surgimiento de un mindfulness de segunda generación, en busca de la conexión con las raíces y la tradición.[10] Esta versión ofrece un mayor rango de técnicas meditativas procedentes del budismo, incluye algunos conceptos clave, como la interconexión, la vacuidad, la ausencia de yo y el no apego. En estas propuestas se promueve que los instructores estén mejor formados y todos dediquen más tiempo a meditar.

En la segunda ola de mindfulness (hacia el año 2005), la compasión adquiere una relevancia central en todas las prácticas. *Mindfulness Based Compassionate Living* (MBCL) es uno de los programas de esta segunda generación. Otro de los protocolos es el *Mindfulness Awareness Training* (MAT), que incluye aspectos como el crecimiento espiritual o el sentido incrementado de la ciudadanía, así como la terapia de compasión basada en los estilos de apego, impulsada por Javier García Campayo. Con los años han ido emergiendo diferentes propuestas de mindfulness que incluyen aspectos como los valores y la ética. Para una historia del mindfulness en Occidente más completa, véase el libro de Javier García Campayo y Marcelo Demarzo. *¿Qué sabemos del mindfulness?*[11]

Algunos autores prevén la irrupción de una tercera ola, en la cual la ecuanimidad sea un aspecto central fruto del desarrollo del mindfulness. Se podría decir que estamos asistiendo a un mindfulness 3.0; es decir, un mindfulness que regresa a sus orígenes y que reintegra en su seno la sabiduría original de donde procede: la meditación budista. Recupera la compasión, la no violencia, la ecuanimidad, la interrelación o el interser, entre otros aspectos fundamentales, que son importantes como camino de liberación colectiva y no solo individual. En este sentido, encontramos entre sus impulsores a Javier García Campayo y Roberto Arístegui. Mindfulness 3.0 incorpora la autocrítica de lo que ha supuesto el mindfulness 2.0, o sea, ser un producto de mercado. Es una autocrítica importante porque, sobre todo, lleva a revisar las bases en las que nos basamos los occidentales (la separación, la dualidad, el yo egoico), las cuales nos inducen a competir, en vez de colaborar, y a potenciar las polaridades que invaden el mundo, en las cuales unos se oponen a otros, expandiendo el sufrimiento. En el mindfulness 3.0 se recupera el ser relacional, el interser, planteado y propuesto ya hace décadas por el maestro Thich Nhat Han.

> Si se aborda la metáfora del budismo de las Cuatro Nobles Verdades, que conduce a la liberación a través de un camino que reconoce el sufrimiento, plantea su origen en el apego o deseo, propone liberarse accediendo al no-yo y culmina en un nuevo estado de liberación, se podría entender este paso de liberación del sufrimiento como un estado individual. No obstante, si se asume una perspectiva del ser relacional sin las presuposiciones del sí mismo individual delimitado […], se libera un potencial de acceso a un trasfondo social. En ese espacio de confluencia en el aquí y ahora con horizonte de futuro, transita la propuesta de mindfulness relacional.[12]

Parte II

Bases relacionales del ser, del convivir y del meditar

3. Mi propuesta: puentes del mindfulness relacional al no-dualismo y la meditación contemplativa

Vivimos y convivimos con otros, compartiendo un mismo planeta, la Tierra. Por eso es tan importante aprender a vivir una vida *heartful-mindful*, desde el ser relacional que somos, trascendiendo lo que nos separa y polariza y centrándonos en los puntos de encuentro que facilitan el diálogo y la convivencia. En la meditación nos asentamos en el yo relacional, que es nuestro ser, para estar y convivir en el mundo desde el interser, disolviendo o de-construyendo el espejismo del yo que no somos y que está en la raíz de todo sufrimiento.

El concepto de «mindfulness relacional» no lo he ideado yo, lo han propuesto otros autores, como: Arístegui (*Fundamentos del mindfulness relacional*), Kwee (*Budismo relacional*) y McCown (que critica el individualismo en el mindfulness y propone la perspectiva relacional). Estos autores establecen un cambio cualitativo respecto a las definiciones formales del mindfulness en uso. Los tres están en la línea del construccionismo social, cuyo máximo exponente es Kenneth J. Gergen. Este movimiento cuestiona la base desde la cual conocemos que no es individual, sino que es una constitución conjunta: entre unos y otros cocreamos el sentido y la realidad. La realidad es una cocreación conjunta y social que se lleva a cabo a través de nuestras interacciones. Lo que nos conecta es lo que transpiramos entre unos y otros, y no lo que «hay en nuestra cabeza».

Otra autora que defiende el mindfulness relacional es Deborah Eden Tull. Su propuesta se basa en la interconexión con el todo y en las relaciones *mindful*, más que en el ser relacional, como en el construccionismo social.

Todas estas propuestas, así como la mía propia, se entrelazan y, como ríos, fluyen en un mismo cauce. Lo cierto es que vivimos en sistemas interconectados, sociales, ecológicos y planetarios.

Una de las metas a las que uno aspira cuando se compromete con la práctica de la meditación es a vivir en unión, en comunión, en unidad, en conexión plena. En la presencia plena, uno se ha vaciado de lo que no es y se ha enraizado en su ser, y este es relacional. En ese estado, estás conectado con tu esencia, tu *atman*, tu núcleo sano, tu ser en unión con la naturaleza, el cosmos y con conciencia plena. Se trata de una presencia abierta al Todo, interconectada y en flujo y armonía. Es una interconexión en la que el ser esencial no desaparece, sino que más bien aparece como si fuera un sol brillante que conecta con el Sol. Es sol y refleja el Sol. ¡Qué difícil es expresarlo con palabras! Es la mariposa que dejó de ser oruga y ahora se entrega a la luz. La luz es mariposa, la mariposa es luz, es la esencia de la vida que fluye. Es como si el yo se hubiera trascendido a sí mismo para ser cosmoteándrico (en palabras de Raimon Panikkar, véase página 82). Profundizaré en ese estado y cómo lograrlo en los próximos capítulos.

Propongo incluso ir más allá del mindfulness 3.0, hacia un postmindfulness. Enseguida me explico. El mindfulness tiene su origen y bases en el budismo. En el budismo, en general, la práctica de la meditación está orientada a la deconstrucción del yo, y, una vez lo deconstruyes, no hay nada más, no busques, no hay más que seguir deconstruyendo.

Mi propuesta no es el vacío en el cual llegas a la nada. Te propongo vaciarte del «no-yo» para llegar a tu núcleo sano, tu esencia vital. Al vaciarte de lo que no eres aparece quien eres. Se trata de vaciarte del yo egocéntrico, de lo que no eres, y abrirte a ser relacional, a ti mismo como otro, a ti mismo como naturaleza, como cosmos, relacionado, vinculado y unido con lo trascendente. Esta apertura al todo y a la vida te abre también a la experiencia de la impermanencia en el tiempo. Cuando uno se ve a sí mismo como otro, se da cuenta de que es cambiante, no es fijo. Se da cuenta asimismo de las influencias relacionales que alberga en su seno. Esta vivencia nos permite abordar la apertura al mundo, a los demás y también a la experiencia del sí mismo como ser relacional.

En muchas ocasiones, en encuentros interculturales, después de un proceso de indagación apreciativa, las personas comparten: somos mucho más parecidos de lo que pensábamos. Uno se ve como otro en lo que les une como seres humanos. «En esta línea, mindfulness no se circunscribe al sí mismo individual delimitado, ni a la negación del yo, sino que abre una dimensión de vivir la alteridad como constitutiva de la experiencia, tanto en el mundo como con los otros y consigo mismo, modificando el punto de anclaje desde el yo egocéntrico hacia un yo excéntrico, en la existencia y en el ser en el mundo».[13]

Al considerar que hay un núcleo, un centro, un yo esencial auténtico, se despliega la posibilidad de conectar con otras tradiciones y descentralizarlo del budismo. Es como desembotellar el mindfulness o, en otras palabras, abrir los caminos hacia prácticas que conectan con otras tradiciones. Vinculo y conecto prácticas de la tradición de la meditación budista, del mindfulness relacional, con otras tradiciones contemplativas. La raíz inherente de la meditación budista es relacional, y esa raíz interactúa con mi propuesta del núcleo esencial del ser, el núcleo positivo, el *atman*, el ser relacional.

En la tradición hindú encontramos la existencia de una esencia eterna en cada uno de nosotros, el *atman*, la conciencia pura, la presencia absoluta. En la tradición yóguica se denomina *atman*, en la contemplativa es lo que Franz Jalics denomina el núcleo sano, del ser en su esencia auténtica. Deconstruimos el yo egoico y nos asentamos en el núcleo sano. **En esta deconstrucción nos liberamos del no-yo, llegando a una vacuidad que ofrece la espaciosidad para que el ser refleje la luz.** Es decir, luz como el fuego de vida, el *chi*, la energía vital que late en y entre nosotros. Luz como la chispa divina que somos. Como un cuenco que parece vacío, pero que, gracias a su vacuidad, está lleno de luz y la refleja, o sea, la comparte. No se la queda para sí mismo, sino que es canal y, tal como fluye hacia sí, la deja fluir hacia el mundo.

Propongo una meditación y práctica en la que nuestra vacuidad nos hace luz, nos vuelve transparentes, nos conecta con la luz, y esta nos inunda, nos atraviesa, nos limpia de lo que no somos, nos vuelve transparentes. Desaparece la frontera entre dentro y fuera, somos uno y nos centramos en el vínculo, en la relación, no en el sujeto; en la relación entre uno mismo, los otros, la naturaleza, el cosmos, lo divino; y en esa interrelación llegamos a una experiencia de comunión que, en algunas tradiciones, denominan no-dualidad o adualidad. En este sentido, las tradiciones hindúes y abrahámicas están más cerca.

El teólogo y filósofo Raimon Panikkar habla de la realidad cosmoteándrica, en la cual no se puede separar el cosmos, lo divino y la conciencia o el andros: los tres están interrelacionados, no puede ser uno sin el otro. El jesuita Franz Jalics afirma que el paraíso está en nuestro interior, es decir, la relación ideal, la naturaleza ideal y lo divino conviven en uno mismo, en su núcleo sano. Así, se puede afirmar que el núcleo sano es la conciencia pura, la presencia absoluta, *atman*.

Si acudimos a las fuentes del budismo y el yoga antiguos, y a las *Upanishads*, encontraremos que surgen de una misma matriz índica. Aspiran a la liberación del ego, del yo que no es. La causa de todos nuestros problemas es el yo que no es. En esa aspiración, unos ven vacío, otros, plenitud. En el hinduismo encontramos la no-dualidad cuando afirma que el *atman* es igual a *brahman*. Es decir, *atman* y *brahman* son una misma vivencia. En otras tradiciones, como en el tantra, Shiva y Shakti se unen y trascienden como uno. En el taoísmo, el yin y el yang se unen en un solo círculo. En el no-dualismo diríamos que no hay dos; no hay sujeto-objeto. El yo pienso, el pensar y lo pensado están combinados en uno.

En el siglo xx hay maestros, como Ramana Maharshi y Sri Nisargadatta, que beben de las fuentes del Vedanta, de las *Upanishads*, y nos abren a un enfoque de la no-dualidad más actualizada. Sus enseñanzas llegan a Occidente a través de personas que pasan temporadas en sus *ashrams* en la India. En el siglo xxi, personas como Rupert Spira, Mooji o Jeff Foster nos acercan a la no-dualidad desde un «neo-advaita» no ligado a una tradición religiosa concreta. En las tradiciones teístas encontramos algunos místicos que nos acercan a la no-dualidad; por ejemplo, el Maestro Eckhart, en el siglo xiii, escribió *El fruto de la nada*.[14] En su época tuvo que ir con mucho cuidado con el lenguaje que utilizaba para no ser expulsado de la Iglesia; de hecho, fue sometido a un proceso por sospecha de herejía.

En el centro de la meditación budista, el yo no existe, la aspiración es la de vaciarse de toda referencia del yo. Mi propuesta es meditar –y vivir– desde el yo sano, el núcleo sano, el centro que palpita de vida, y, a partir de ahí, experimentas que eres parte de un todo y el todo es en ti, en tu núcleo sano. Traté este tema con amplitud en mi libro *Meditación contemplativa*. En nuestro espacio interno palpita un núcleo sano que está lleno de vida y virtudes. A este núcleo me refiero como el núcleo sano, positivo y vital, indistintamente. Ser y estar en el corazón de tu ser es estar en tu centro, en tu eje, y vivir y sentir tu núcleo vital, denominado, en la indagación apreciativa, como el *positive core* o núcleo positivo. Para el benedictino John Main es el núcleo creativo:

> La tarea que tenemos por delante consiste en regresar a nuestro núcleo creativo, allí donde se llega a la plenitud y la armonía, en morar en nuestro interior, abandonando todas las imágenes equivocadas de nosotros mismos, como puede ser aquello que creemos ser o haber sido, porque tales cosas poseen una existencia irreal. Si permanecemos en nosotros con esa honestidad y sencillez que acaba con las ilusiones, llegaremos a estar siempre en presencia de nuestro Creador.[15]

Este núcleo creativo sano es el centro vital de nuestra persona, el que nos hace vibrar con entusiasmo y alegría de vivir y nos abre a nuestro pleno potencial. El núcleo positivo está formado por nuestros valores, como son, entre otros, el amor, la paz, la libertad y la autenticidad. Está formado de esencia divina, de cosmos, Teo y conciencia. Es cosmoteándrica (véase página 82). Cuando vivimos en y desde nuestro núcleo sano, desarrollamos nuestras competencias, habilidades, talentos, capacidad creativa, fortalezas y potencial. En todo ello irradiamos la belleza de nuestro ser, de nuestro núcleo sano. Es un núcleo que crece, florece, se expande y encuentra sentido en las relaciones, al darse y al compartir. El núcleo sano contiene el amor y nuestra capacidad de amar. Si uno se lo queda para sí mismo, la persona se marchita y deja de brillar. Es lo que anhelamos vivir, lo que más buscamos, y ya está en nuestro interior. Cuando vives en tu núcleo vital, accedes a tu capacidad curativa y creativa, y la expandes.

Metafóricamente, podríamos decir que el núcleo positivo es la semilla, la savia que da vida a todo sistema vivo, la sangre que circula por el cuerpo en el sistema de nuestras relaciones e interacciones. Cuando vivimos en y desde nuestro núcleo sano, conectados con el todo, nos sentimos unidos, vinculados, formando parte de un todo y de la humanidad.

Veremos en las próximas páginas con más detenimiento desde qué sí mismo, o desde qué yo, convivimos en nuestra vida diaria. Cuestionando esa base, se puede salir de ese ser simples espectadores o competidores en un mundo que se desmorona y en el cual las polaridades se incrementan. Gracias a estar conectados y presentes desde nuestro núcleo sano, nos atreveremos a vivir abiertos, a aceptar la impermanencia, a no aferrarnos y, de esta manera, pasaremos a ser colaboradores y cocreadores de un mundo mejor en el cual «podamos com-partir. Partir con los demás –escribe Federico Mayor Zaragoza–. Des-vivirse. Es preciso no dejarse atrapar por la rutina, por el pesimismo. **La desmesura creadora y cocreadora es nuestra esperanza**».[16]

Desde el silencio vivo fluye en nosotros el potencial creador y creativo. Vaciándonos de todo ruido, de todo yo que es no-yo, accedemos a ese manantial. Es un vaciarse sano y sanador que conduce a la vacuidad e indica el camino hacia la plenitud.

4. El sí mismo y la yoidad

Todas las cosas por naturaleza albergan algo de divino.
ARISTÓTELES[17]

Como hemos visto, en Occidente, en la mayoría de las propuestas actuales, se comprende y practica el mindfulness y la meditación desde un encuadre individual. Para comprenderlo, practicarlo y vivirlo desde una perspectiva relacional, debemos preguntarnos por la noción del ser subyacente, el ser que piensa, entiende y actúa: el yo, y la yoidad, es decir, la condición de ser yo. Venimos de una tradición moderna en la que se entiende que el yo es un sujeto que tiene una mente subjetiva individual y se relaciona con el mundo como una realidad objetiva. En esa perspectiva está la dualidad del yo-mente, por un lado, y del mundo, por el otro. Se considera la mente subjetiva como un espejo de la realidad. Es decir, la forma que adopta el conocimiento de la mente consiste en la representación exacta de la realidad externa. Esta concepción está muy lejos de los orígenes del mindfulness. De hecho, «[…] en el budismo no existe un yo separado e individual, ya que es una idea ilusoria subproducto del propio proceso del *samsara*».[18]*

---

* *Samsara*, el ciclo de nacimiento, vida, muerte y encarnación o renacimiento.

Nuestro yo se configura en todas las relaciones que mantenemos desde que nacemos. A través del lenguaje corporal y verbal, vamos construyendo nuestro ser con los otros y en el mundo. Interiorizamos las normas –lo que es bueno y malo, lo que está permitido y lo que no, qué es fracaso y qué es éxito– y vamos así creando nuestra identidad y el concepto que tenemos de nosotros mismos. Nos reconocemos en la interacción con los demás. Ahora bien, construimos fronteras entre el yo y el otro para delimitar, defender, identificar y diferenciar nuestro yo y, al hacerlo, lo vamos delimitando hasta crear una ilusión de separación. Es un espejismo, ya que no podemos llegar a ser sin los otros. Si estuvieras en un desierto solo, sin nadie ni nada, ¿qué sentido tendría el lenguaje, la narración, tu ser en el mundo?

En este capítulo vamos a explorar cómo se va configurando nuestro sentido del yo y las delimitaciones que vamos creando, que son nuestro propio constructo. En la tradición budista, las enseñanzas tienden a disolver las fronteras del yo. Se considera que el apego conduce al yo y que es una de las puertas hacia el sufrimiento. «El yo separado e individualizado no es tanto la solución como el problema y la felicidad no tiene tanto que ver con la adquisición, ya sea material o psicológica, como con la entrega».[19] El budismo enfatiza el vacío y el no-yo, lo cual implica que no hay un yo-mi-mío-ego duradero ni fijo. En el budismo, la impermanencia es una creencia central: la vida es impermanente y no existe un yo fijo. Se entiende que la auténtica naturaleza del yo consiste en un proceso fluido siempre cambiante de fenómenos psicofisiológicos, pero vacío de cualquier entidad duradera. Para encontrar la felicidad y el bienestar duradero, se requiere que el concepto del yo se disuelva. «Este aspecto, nuclear en la tradición budista, apenas se ha tenido en cuenta en el mindfulness actual secularizado».[20]

En otros caminos y prácticas meditativas no se persigue la desa-
parición del yo, sino deshacerse del ego. No hay tarea más importante
del ser humano que la de conectar con su propio ser y despertar la
energía contenida a fin de desplegar el potencial que alberga. Para
ello, todas las tradiciones espirituales proponen trascender el ego.
El ego nos endurece e impide reconocernos como quienes en verdad
somos. Las necesidades del ego nos mantienen atrapados y centrados
en nosotros mismos, y nos dejamos guiar por nuestra naturaleza de-
limitada por el yo-ego, que nos lleva a imponer, separar, discriminar
y aferrarnos, y a un sinfín de tendencias que están en el origen de
la violencia y la desarmonía imperantes. Se trata de desidentificarse
del ego para desprenderse y liberarse del deseo compulsivo y de las
fuerzas impulsivas que atrapan al ser y no le permiten acceder a la
dimensión trascendente ni a su ser relacional.

Planteo, entonces, la siguiente pregunta: ¿Desde qué yo meditamos, practicamos y vivimos? Y si la mente individual es la que
está en un estado mindfulness, ¿qué relación establece uno con el
mundo y consigo mismo? ¿Quién es el «yo» que practica y aspira
a vivir en plenitud?

Hay múltiples propuestas de concebir la identidad del yo. Para
Raimon Panikkar, «[…] todo depende de qué queremos decir por
ser: su propiedad privada (lo que solo ese ser "posee", excluyendo
a todos los demás), o lo que lo hace único (su unicidad inclusiva):
su diferenciación (de los otros) o su identidad (consigo mismo). En
otros términos, todo es una cuestión de si utilizamos el principio
de singularidad o el principio de individualidad para determinar lo
que es un ser. Digo, sin embargo, que todo ser tiene una dimensión
constitutiva de conciencia. No solo no podríamos conocer un ser si
no estuviera de algún modo relacionado con la conciencia, sino que,

además, esta relación es constitutiva de ese mismo ser. La conciencia impregna todo ser. Todo lo que es, es *cit* (espíritu, intelecto)».[21]

La cuestión del sí mismo se puede plantear «[…] desde una perspectiva relacional, lo cual muestra una convergencia de mindfulness (su origen inter-dependiente –del interser en palabras de Thich Nhat Hanh–) con la perspectiva del construccionismo social. La perspectiva del sí mismo relacional está orientada a desarrollar el ser relacional considerando mindfulness en un contexto social. La diferenciación de ser en el mundo con otros implica una concepción del ser múltiple, en relación con otros y no solo de ser delimitado circunscrito a la mismidad, a uno mismo en sí mismo».[22]

Regresemos a la pregunta: ¿Desde qué yo meditamos, practicamos y vivimos? ¿Desde el ser individual delimitado con un estado mental como su yo, o bien en la dimensión del ser relacional, pudiendo ser en relación y en la coordinación con otros, con el Todo, el Cosmos y el Teo?

Puede ser un yo ego-centrado (*Self-centerness*), cuya felicidad está basada en el egocentrismo, que vive una sobreidentificación con la construcción mental de sí mismo. Es lo que en otras palabras llamaríamos el hedonismo, es decir, una felicidad basada en la búsqueda del placer, especialmente del placer sensorial e inmediato. O bien uno puede practicar y vivir desde el yo desprendido (*Selflessness*). Es un estado de vivir denominado hipoegoico, en el cual la felicidad que se vive es auténtica y duradera. Es lo que en otras palabras llamaríamos eudaimonía (felicidad basada en una vida virtuosa).

Continuemos indagando sobre qué queremos decir por «yo». Podríamos diferenciar entre el «yo separado y delimitado», en otras palabras, el «no-yo», o el ego, y el «yo conectado, el yo relacional». La conciencia relacional en tu presencia está conectada con el yo en el que estás viviendo. Puedes vivir tu yo, el yo, el mí y lo mío en diferentes dimensiones.

Buber[23] propone tres dimensiones principales del yo. La primera la identifica con Napoleón: la persona cuya presencia está centrada en sí misma y que ve al otro solo como un medio para alcanzar sus propios fines. Es un yo vacío que está poseído por la necesidad de poder, de dominar y por la codicia.

Buber identifica la segunda dimensión del yo con Sócrates. Es el yo dialógico, el yo del diálogo interminable que se manifiesta en la mayéutica socrática. Se trata de sacar a la luz lo que hay en nuestro interior a través del diálogo. El yo le permite al otro dar lo mejor de sí mismo, sacar lo mejor de sí mismo dialogando. Es un yo honesto que reconoce al otro, le da lugar al otro y da el lugar al otro. Podemos comprender el yo desde su pluralidad y no como algo fijo e inherente. Para Hubert Hermans, según su teoría del *self* dialógico, el *self* está compuesto por múltiples partes que tienen su propia voz, y que establecen diálogos internos entre sí. «Quizá lo más exacto no sea señalar que tenemos una mente, sino que somos una familia, una cuadrilla interior, o una ciudad, repleta de mentes».[24]

Buber menciona una tercera dimensión del yo, que propone otro tipo de relación entre el yo y el tú con el ejemplo de Jesús, para quien el Tú es alguien trascendente. Es un Tú que te hace dar mucho más de ti mismo, posee más fuerza para acompañarte en la trascendencia de tu ser limitado. Para Jesús, el Tú es el Padre, a quien llamó Abba. Se establece una relación incondicional entre el yo y el Tú, en la que el ser humano lo llama como Padre o Madre. También puede ser Tú como el Todo, como lo que trasciende o el que es trascendente, lo que todo lo abarca, el origen y el fin. El yo confía en el Tú y le ama incondicionalmente. La relación los lleva a una unidad en la que el yo está en el Tú y el Tú está en el yo. Es un yo que ha trascendido el ego. Es un yo que es Tú. Es estar despierto y en plena consciencia de nuestro yo relacional, que no es un ser aislado, sino interconectado. Es una vivencia que nos acerca a la no-dualidad en la que yo y tú somos uno. Es un ser en conciencia cosmoteándrica (véase página 82).

A veces es difícil sentir que yo y tú somos uno, porque en el seno de nuestro yo estamos separados, divididos, y vivimos múltiples yo-como-sujeto que llevan a cabo su propio relato respecto del yo-como-objeto. Cada una de estas versiones es relativamente autónoma y puede tomar el control de las acciones durante un tiempo. Estas versiones tienen una representación interna y un impacto en el mundo externo en forma de roles/papeles (madre, padre, amiga[o], amante, profesor[a], esposa, marido, ex, hermana[o], psicóloga [o], jefe, director[a], socia [o], colega, docente). Cada una de estas partes puede establecer un diálogo con el resto, en forma de pregunta, respuesta, aprobación, desaprobación (culpa, vergüenza, autocrítica, etc.) Ocurre en el ámbito de la imaginación y en forma de diálogo interno. Cuando no hay armonía en tu interior y entre tus diferentes voces o roles, difícilmente sentirás la unión con el Todo. El yo es dinámico y las diferentes partes se activan de forma alternativa, coexistiendo, incluso en ese diálogo interno. La cuestión es si este diálogo interno se establece desde el yo delimitado y separado o desde el yo relacional e interconectado. Profundicemos en ello.

Yo separado/yo delimitado

> Veamos a través del mito de la separación
> el amor que siempre está ahí.
> Deborah E. Tull[25]

Todos los caminos espirituales nos señalan que debemos vaciar o transformar radicalmente el «yo», y así desaparecerán las sombras que lo rodean. Se refieren al yo separado, al que maestros como Ramana Maharshi y Nisargadatta consideran el no-yo, lo que no eres. Recordemos las palabras del poeta místico persa Farid ud-Din Attar:[26] «Si destruyes tu yo durante un solo día, estarás luminoso aunque estés toda la noche en la oscuridad. No pronuncies la palabra yo, tú que, a causa del yo, ya has caído en cien desgracias».

¿Cuál es ese yo que nos hace caer en cien desgracias? Es el yo que Kenneth Gergen denomina el ser delimitado, otros lo llaman el no-yo, otros el yo separado, ya que se siente separado de los otros, del mundo y de sí mismo. En este libro lo denomino el yo separado, en contraposición al ser relacional. ¿Cuál es el espejismo de la separación? El yo separado vive «fuera» de la vida mirándola, como espectador, viéndolo todo a través de varios velos, del juicio y de la evaluación. Es un yo que funciona basándose en una mente de separación y que nos desconecta de nuestra experiencia de vida real, creando distorsión.

La mente de la separación percibe a través de las lentes de la desconexión, la insatisfacción y la competición. Cree en «tener poder sobre», en vez de en «poder con». Poder sobre la otra persona, poder sobre la naturaleza, poder sobre los animales, etcétera. Siente la necesidad de dominar. Nos impulsa a vivir en modo de supervivencia manteniendo sentimientos de miedo, amenaza y juicio, en un esfuerzo por tener control sobre la vida, sobre las circunstancias, sobre las personas y sobre la naturaleza. El yo separado necesita tener razón y justificarse, defenderse, demostrarlo una y otra vez; ese es su modo de sobrevivir. Para sobrevivir necesita manipular o atacar a quienes piensan diferente, y estar constantemente justificándose en su manera de estar y hacer en el mundo.

El espejismo de la separación alimenta una forma de vida que es insostenible a nivel personal, relacional, comunitario y global. Cada semilla de violencia en nuestro mundo –guerra, injusticia social, abuso planetario, etcétera– surge de la semilla de este espejismo. A nivel global, vemos las ramificaciones de la mente de la separación en cada situación de *bullying*, racismo, fanatismo, discriminación y exclusión. La mente de la separación está condicionada, separada, es la voz del ego. La persona que vive en una mente así se siente sola y separada de los otros. Vive el mundo como algo separado de sí misma, que está ahí, fuera.

El ser separado está atrapado en la rueda del deseo y el sufrimiento. El sufrimiento viene, en ocasiones, porque crees que algo ilusorio es verdad. El apego que alimenta el ser separado te crea el espejismo de la pertenencia y de la seguridad. Al ser una fantasía, tienes miedo de perderlo, o bien sientes celos hacia los otros. Si fuera verdad, no tendrías miedo ni celos ni te aferrarías a tantas seguridades falsas que te privan de verdadera libertad. Es estar en la prisión de tus seguridades. Es ser una marioneta de los deseos de tu yo separado. Terminar la rueda del deseo es cultivar una felicidad auténtica, no ilusoria. Es importante diferenciar entre los deseos del ego, del yo separado, de los anhelos del ser y de las necesidades reales. Me estoy refiriendo a los deseos egoicos, que son deseos innecesarios. El ego desea algo y quiere que sea tal como lo desea.

A causa de nuestros apegos y aferramientos, nos cuesta soltar y soltarnos, entregarnos al flujo de la vida. Nos resistimos y bloqueamos, queremos controlar, tenemos miedo, nos sentimos inseguros y nos oponemos a lo que ES. Cuando nos identificamos erróneamente con el no-yo, el yo separado, el yo-ego, es el ego quien piensa y quiere controlar. El afán de controlar provoca un sinfín de problemas, ansiedades, angustia y estrés. Con «yo hago», es el ego quien hace, y, «con yo digo», el ego está aferrado a la idea, a la opinión y a la palabra. Desidentificarte de ese yo delimitado significa que te vacías del «mi». Es el mi en el que me identifico con mis cosas, mi rol, mis ideas, mi posición, mi creación, mis hijos, mis padres; y en ese aferrarme e identificarme con lo que cambia y es impermanente, están las semillas del sufrimiento. Si, por ejemplo, como pintora me identifico con uno de mis cuadros, y me aferro a esa identidad, cuando alguien lo critique o lo rompa, me sentiré desolada, ya que es como si hubiera tocado mi identidad. Sin embargo, esa obra es una expresión de mi ser, pero no es mi ser. Me sentará mal que lo critiquen o lo rompan, pero no me hundiré en la miseria sintiéndome una inútil. Eso ocurriría solo si mi identidad la viviera desde el cuadro, y, cuando este fuera criticado, sería como si me criticaran a mí y me sentiría hundida.

En el proceso de desidentificación, sueltas las imágenes limitadoras que tienes de ti mismo o aquellas que los demás tienen de ti. Sueltas el sentido erróneo de posesión y posesividad, de identificarte con los objetos, con las personas, con las propiedades. Te liberas. No es fácil, porque el ego lo vive como una muerte. La buena noticia es que la extinción del yo-ego no comporta la aniquilación del ser; al contrario, permite su manifestación. Se trata de trascender los límites del propio psiquismo: las ideas, los proyectos, las seguridades, los apegos y las creencias que aún son referencias del yo delimitado. De este modo, se consigue que los impulsos autocentrados del ego se transformen en capacidades creativas y generadoras de vida y comunión. No se trata de no tener ideas, proyectos ni seguridades conectadas a los privilegios y posesiones, sino de saber que no son nuestra verdadera identidad y que son impermanentes.

Con la práctica de la meditación, de la interiorización y de escuchar tu voz interior, llegas a soltar lo que no eres y a vaciarte del aferramiento a… mi religión, mi país, mi cultura, mi tendencia política. Este aferramiento es excluyente. Mi religión, mi país, mi cultura, mi… pueden ser estupendas y maravillosas, forman parte de mis raíces culturales y, por lo tanto, forman parte de la configuración de mi ser en el mundo, pero el aferrarme a ellas me convierte en una persona que excluye a otros. El aferramiento está en la raíz de los conflictos. Por ejemplo, puedes tener una idea y una creencia, pero eso no te da autoridad para excluir al que piensa diferente. Ahora bien, si te aferras a ellas, al «tengo razón», excluyes al otro, le juzgas, le rechazas, no te abres a escuchar plenamente ni a un diálogo sincero y abierto.

Seamos conscientes de que causamos sufrimiento cuando forzamos e imponemos nuestras creencias y pensamientos a los otros. Podemos imponerlos por autoridad, amenaza, soborno, propaganda, adoctrinamiento, dinero, para tener poder sobre (en vez de poder con), intentando que el otro adopte nuestra manera de pensar.

Desaferrarse es aprender a no identificarte y a no creer que yo soy esa idea, sino que la idea es una expresión de mi ser, pero no es mi ser. El no aferrarse es la vía para salir de la estrechez de pensamiento. Vivir la libertad de pensamiento es respetar que los otros sean diferentes y elijan lo que quieren creer y en qué se van a basar a la hora de decidir.

En el vacío de aferramiento no rechazas ni te recluyes, te conviertes en un ser universal, que no separas, sino que unes; que no excluyes, sino que incluyes. También es importante el compromiso de acompañar a otros para que salgan del fanatismo y de la estrechez por medio del diálogo compasivo y el diálogo apreciativo. En la sección de prácticas encontrarás algunas pautas para lograrlo.

Nos dice Anthony Strano:

> En realidad, solo tengo lo que de verdad soy, esta es mi fuerza. Si me he beneficiado de un nombre, un rol, un cargo, un grupo o una persona, llega un momento en que todo se disuelve y me siento vacío.
>
> Forcejeando para darle un sentido a mi identidad y desesperado en busca de autoestima, decido ir «dentro» para encontrarme; la sabiduría y las soluciones están ya allí.
>
> Sencillamente, necesito recordar.[27]

Tal como expliqué en la página 36, *sati*, la palabra original a la que se remite mindfulness, se traduce como «recordar». Sería como tener en la mente, tener en el centro, en el núcleo del ser, en el corazón, tener presente, ser consciente. Recordar nos dice que se trata de despertar a lo que somos, que lo recordemos, a lo que yace en nosotros y sencillamente hemos de recordarlo. Cuando, en vez de recordar y despertar a nuestro ser, nos identificamos erróneamente con el no-yo, el yo separado, el yo-ego, es el ego quien piensa y quiere controlar.

Una persona que vive la consciencia plena es consciente de que, si luchara contra el sistema existente, lo que haría es cederle el poder. Es consciente de que el sistema de dominación tiene que ver con la impotencia, con trabajar con cantidades limitadas de energía. Eso es así cuando trabajas y vives solo con la energía que te proporcionan tu ego, tu cuerpo y los logros de tus acciones. Cuando vives y trabajas desde la consciencia de la carencia y de la escasez, tu energía es limitada. Ese sistema parte de una base que cree y afirma que solo existe determinada cantidad de energía, y, como nos sentimos separados y aislados, debemos quitarle el poder a otros, pues no sabemos dónde o cómo reabastecernos.

Todo lo que tomamos de una fuente interna del sistema nos mantiene en el sistema y debemos devolvérselo. Por eso nos mantenemos en un círculo, dando vueltas sobre lo mismo, sin cambiar la calidad de la energía ni de lo que aportamos al sistema. Por ejemplo, una batería nueva dispone de sus elementos en orden, pero, a medida que va entrando en la entropía y sus elementos se desordenan, se va descargando hasta que se descarga por completo. Los elementos no se pueden ordenar a sí mismos; para salir de la entropía necesitan cargarse de una fuente externa a su sistema. De la misma manera, como seres humanos, cuando estamos en conciencia plena, conectados en las tres dimensiones cosmoteándricas (lo material-naturaleza, lo humano-conciencia y lo trascendente-divino), nos recargamos de forma fluida. Nuestro intercambio nutre y nos nutre.

En contraposición al yo separado estaría el ser auténtico, con una mente plena, centrado, consciente de la interconexión con el todo, consciente del yo relacional, la naturaleza verdadera, la esencia, la no-dualidad. Mi propuesta para desaferrarte y dejar de operar desde el yo separado es centrarte en el núcleo sano del ser relacional. En vez de centrarte en aquello de lo que te tienes que desapegar, céntrate en quién eres, y así lo que no eres irá disolviéndose. Veamos cómo hacerlo comprendiendo, primero, cómo opera el yo separado; segundo, entendiendo el ser relacional y, tercero, prestando atención y realizando las prácticas que comparto contigo en la tercera parte de este libro.

Claves para entender cómo opera el yo separado

Veamos en este apartado algunas claves que nos indican que estamos operando desde el yo separado, con el fin de darnos cuenta de cuándo nos ocurre y cómo. Solo al hacerlo podremos desarticular este modo de operar y de ser en el mundo.

• *La voz que pretende ser tú*

«Cuando cada pensamiento absorbe tu atención completamente, significa que te identificas con la voz que suena en tu cabeza. Entonces, los pensamientos quedan investidos de un sentido del yo. Eso es el ego, el "yo" creado por la mente. Este yo fabricado por la mente se siente incompleto y precario. Por eso, el temor y el deseo son sus emociones predominantes y sus fuerzas motivadoras. Cuando reconoces que hay una voz en tu cabeza que pretende ser tú y que nunca deja de hablar, estás saliendo de la identificación inconsciente con la corriente de pensamientos. Cuando notas esa voz, te das cuenta de que tú no eres esa voz –el pensador–, sino quien es consciente de ella. La libertad estriba en conocerte a ti mismo como la conciencia que está detrás de la voz».[28] La voz que escuchas es la del ego, y, en el silencio que brinda la práctica de la meditación, la conciencia comienza a darse cuenta de que esa voz no eres tú. Solo siendo consciente de ella puedes empezar a desarticularla.

• *Vivir para el siguiente momento*

Otra manera de saber que está operando el yo separado en ti es cuando te das cuenta de que estás viviendo para el siguiente momento, buscando algo que quieres recibir o lograr en el instante siguiente. En ese darte cuenta, ya estás saliendo del patrón mental del yo separado y te abres a la posibilidad de elegir prestar toda tu atención a ese instante presente. **Cuando tu conciencia está total-**

mente centrada en este momento, en el aquí y ahora, entra en tu vida una inteligencia mayor que la inteligencia de tu mente egoica. Conectas con la sabiduría del todo.

«Cuando vives a través del ego, siempre reduces el momento presente a un medio para un fin. Vives para el futuro y, cuando consigues tus objetivos, no te satisfacen, o al menos no por mucho tiempo. Cuando prestas más atención a lo que haces que al resultado futuro que quieres conseguir con ello, rompes el viejo condicionamiento del ego. Entonces, tu hacer no solo es mucho más eficaz, sino infinitamente más alegre y satisfactorio. […] Márcate metas, pero sabiendo que alcanzarlas no tiene la menor importancia. Cuando algo surge de la presencia, significa que ese instante no es un medio para un fin: la acción es satisfactoria por sí misma en cada momento. Ya no reduces el ahora a un medio para un fin, que es lo que hace la conciencia del ego».[29]

• *Te falta algo*

Otro de los síntomas del yo separado se manifiesta cuando sientes carencia, te falta algo. Sientes una insatisfacción casi permanente: estás en un lugar y piensas que sería mejor estar en otro; alguien te está hablando y tú estás preparando la respuesta sin escucharle; estás pelando patatas y juzgando lo mal que lo haces; estás de vacaciones preocupado por el trabajo; estás en el trabajo pensando en irte de vacaciones. En todos estos ejemplos, no estás plenamente presente; tu mente está en otro sitio; no estás satisfecho.

• *Estás distraído*

La mente que opera desde el yo separado crea distracción y condicionamientos que no necesitamos seguir. Solo cuando reparamos en ello, podemos dejar de seguirlos. Date cuenta de que las construcciones mentales del yo separado son eso, constructos mentales. En el budismo les llaman a veces los parásitos que se alimentan de la energía de los constructos mentales de los seres humanos. Te consumen las fuerzas vitales.

• *Operas al servicio de los deseos egoístas*
La mente del yo separado no opera sirviendo a la vida. Si no nos distanciamos de esta manera de funcionar, puede dejarnos agotados, drenando nuestra fuerza vital.

• *Trabajas duro y es agobiante*
Cuando creas, esto puede implicar la necesidad de una energía de enorme intensidad, pero no es un trabajo duro ni agobiante ya que disfrutas creando; es diferente a la intensidad del estrés. La lucha o el estrés es una señal de que el ego ha regresado, como también lo son las reacciones negativas cuando encontramos obstáculos. Las acciones que no provocan reacciones contrarias son las que van dirigidas al bien de todos. Unen, no separan. Desde el esfuerzo del yo separado, uno se queda agotado.

• *Ejemplos*
Veamos algunos ejemplos que nos indican que el yo separado está operando:

- La mente que opera bajo el yo separado juzga, mide, etiqueta, saca conclusiones de todo. No vive la vida, sino que la está evaluando constantemente.
- Dirige la atención hacia el mensaje de que algo va mal.
- Se centra en lo que falta. No hay suficiente.
- Vive en el hacer. Piensa: «Tengo que hacer algo», incluso cuando no sea necesario. No sabe estar sin hacer.
- Se enfoca en el siguiente momento, en vez de en el ahora. El ahora es un medio para el luego.
- Ve la diferencia como una amenaza, y no simplemente como algo diferente que apreciar y de lo que aprender.

- Se centra en un aspecto pequeño, como un punto en un gran cuadro. En cambio, la conciencia conectada del ser sostiene el gran cuadro.
- Quiere controlar e imponer el control. En vez de fluir en la vida, la mente del yo separado siente que tiene que controlar la vida y manejarla, a menudo trabajando contracorriente y agotándose inútilmente. Necesita tenerlo todo controlado.
- Siempre saca conclusiones de todo y proyecta su sentido en todo. Por ejemplo, cuando aparece un síntoma de malestar, se dice: «Voy a estar enferma toda la semana y los planes de vacaciones se irán por la borda». Quiere imponer su sentido o posicionarse ante los hechos, en vez de morar en el campo del no saber, desde la curiosidad, la humildad y la apertura.
- Alimenta la sensación de drama, en vez de nutrir el bienestar. Vive en las historias de drama que crea basándose en una noticia, una suposición o un rumor, sin ir a la profundidad de los hechos.
- Se toma las situaciones y la vida personalmente. Véase más acerca de este tema en el capítulo 16, «No tomarte nada personalmente» (página 225).
- Esa persona cree que los demás están equivocados y ella tiene razón. Teniendo razón se siente superior y, sintiéndose superior, fortalece su sentido del yo-ego.

Restaurar la soberanía de nuestro ser auténtico

Cuando en el proceso de interiorización nos tornamos conscientes del yo separado que parlotea, podemos regresar al momento presente y enraizarnos en el aquí y ahora, aceptando, despiertos, relajados y vitales. Es posible vivir libres del mito de la separación en este lugar central de nuestro ser, en el que somos vitales y estamos empoderados; es vivir desde el núcleo sano, sobre el cual he escrito en las páginas 52-53. Depende de cada uno de nosotros el restaurar la autoridad de nuestro ser auténtico. No hay píldora que nos lleve allí. Se requiere atención y concienciación, y tampoco es tan difícil ya que se trata de recordar quienes somos: somos relacionales y estamos interconectados.

Se trata de des-cubrirlo, es decir, de quitar lo que cubre y vivir desde el centro y no desde la cubierta periférica. Necesitas tener la voluntad de mirar, de darte cuenta, así como de reconocer que ahora es el momento. No postergar ni posponer más. Debes derretir y transformar las capas de tus resistencias y actitudes defensivas, y centrarte en tu núcleo sano para llevarlo más a tu conciencia y a tus acciones. Hacerlo te ayudará a abrirte a la comunicación con el otro y con el mundo interior.

Al comunicarte contigo mismo, presta atención a lo que te dices. Ocurre que lo que te dices que eres acabas creyéndotelo. «Soy un inútil, soy fea, soy así, soy asá…». El yo que narra acerca de lo que uno es y acerca de la vida y de las situaciones es un yo narrativo. Veamos cómo funciona.

Yo narrativo

Como seres humanos, narramos nuestro yo en historias que nos configuran y nos ayudan a construir nuestra identidad. Este relato lo vamos modificando a medida que nuestra mirada y nuestra comprensión de los hechos vividos van cambiando. Cuando construimos relatos sobre nosotros mismos, lo hacemos en tercera persona en vez de en primera, es decir, que la persona se ve a sí misma y es capaz de narrarse como si fuera otra, por eso se denomina narrar en tercera persona. Por ejemplo, si comparto contigo algo acerca de una época en la que quise pintar el mar, cómo se me ocurrió esa idea, lo que me pasó y, finalmente, lo que hice, en esa narración hablo de Miriam en tercera persona.

Podríamos decir que, por un lado, encontramos el yo como sujeto que tiene la capacidad de tomar conciencia de sí mismo y de la experiencia inmediata en el mundo, pero desde la experiencia en primera persona, y, por otro lado, está el yo como objeto (yo narrativo o yo extendido), que es el que pone atención y piensa acerca de sí mismo en relación con el mundo e implica un funcionamiento en tercera persona versus primera persona. Aunque utilice el yo y a mí, estoy hablando de una Miriam que fue en ese momento y no es ahora, es decir, te hablo de Miriam en tercera persona. Ambos yoes se relacionan de forma dinámica: entre lo vivido en primera persona y lo narrado en tercera persona. Esto nos lleva a darnos cuenta del funcionamiento, en nuestro diálogo interno y con otros, de un yo narrativo.

A menudo vivimos el yo como un yo narrativo. Soy lo que digo que soy, soy lo que narro sobre mí misma, en tercera persona. Yo narro sobre Miriam. Con frecuencia vivimos más en la narración que en la experiencia del momento presente. Nos interpretamos utilizando el lenguaje. A menudo, nuestra narración nos genera mayor sufrimiento. La vida ya te pone en situaciones complicadas como para que tú, desde tu yo narrativo, lo compliques aún más. El yo narrativo suele estar más en un modo de hacer conceptual, en el cual juzga, interpreta, diferencia, elabora, supone, analiza, evita el malestar y vive un proceso automático que le lleva del pasado al futuro, y viceversa. La mente crea narraciones sobre lo que ve y sobre lo que no ve, acerca de lo que pasó o lo que pudiera pasar, sobre uno mismo y acerca de los demás. Necesitamos silencio para salir de esos hábitos mentales del yo narrativo y vivir en el aquí y ahora percibiendo lo que sí es, sin etiquetarlo ni narrar historias sobre ello.

Creemos que las representaciones mentales sobre nosotros mismos son, en esencia, nuestra identidad. Alimentamos, protegemos y defendemos esta imagen de nosotros mismos como si fuera real. Una persona egocéntrica se sobreidentifica con esta construcción mental de sí misma. En esas narraciones, los pensamientos nos parecen reales. Llegamos a creer que la realidad es lo que pensamos. Vivimos más en el pensamiento que en la realidad que nos rodea. Conectamos con la situación a través de la mediación conceptual, representacional y narrativa. Vivimos en las historias que nos contamos a nosotros mismos y a los demás. Cuanto más grandilocuente es la narrativa, más lejos del yo experiencial estamos.

En contraposición, el yo experiencial es el que está inmerso en la experiencia, en el momento presente y en presencia plena; no la narra, sino que la vive. Un ejemplo sencillo lo puedes ver cuando, sentado en un sofá , te sientes cómodo y vives la comodidad, el bienestar, te encuentras muy bien. Es como si tú y el sofá fuerais uno. ¿Cuánto rato eres capaz de ser y estar en ese estado sin que se presente tu mente? En el momento en que te preguntas «¿de qué está hecho este sofá?», entras en el yo mental, y sales de la comodidad. Estás más en la mente y empiezas a buscar etiquetas, explicaciones, precios, y ya estás en el yo narrativo y el pensamiento discursivo.

Hasta aquí he compartido algunas ideas acerca del yo separado, el yo-ego, el no-yo. Hay muchas otras maneras de comprender el yo. Este no es un libro filosófico para responder a la pregunta de «¿quién soy yo?». De todas maneras, voy a continuar explorando otras dimensiones del yo que nos facilitarán la práctica de la meditación y la comprensión y creación de sentido de nuestro ser y vivir en el mundo.

Al meditar practicamos desde un yo y entramos en relación con el otro, la alteridad, el cosmos, lo divino, el divino. Somos seres relacionales y nos vivimos como uno con el todo, en comunión.

Veamos a continuación algunos aspectos que nos permiten comprender el ser relacional.

Ser relacional

El título de este apartado corresponde también al título de un libro de Kenneth Gergen.[30] En síntesis, el autor nos propone salir del ser delimitado para entrar en y vivir desde el ser relacional. Planteo el vivir y meditar desde el sí mismo relacional, que se diferencia de la tradición cartesiana afincada en el «yo-pienso». Me explico. Desde la dimensión del sí mismo relacional es posible articular la experiencia de encontrarse con uno mismo en presencia y en el lenguaje con otros. Cocreamos la realidad a través de nuestro ser y estar con los otros y a través del lenguaje que utilizamos.

En la dimensión cartesiana del yo-pienso, el lenguaje nos lleva a un dualismo de mente, por un lado, y cuerpo, por el otro, y a una representación de la realidad en la mente, es decir, que la mente imagina y representa la realidad a través del lenguaje y las imágenes y el cuerpo parece ausente a toda esa creación. A menudo se utiliza la expresión de «vive más en la cabeza que en el cuerpo». Uno vive en su mente y en sus creaciones mentales. ¿Vives en la realidad o en las historias e imágenes creadas por tu mente? La dimensión cartesiana del «pienso, por consiguiente soy» ha fomentado la dualidad y la separación. Descartes consideró el yo como una entidad pensante autónoma, separada del cuerpo.

El mindfulness que se practica desde la concepción del ser delimitado parte de una base cartesiana y de unos supuestos psicológicos encuadrados en un paradigma moderno, en el cual se concibe que el conocimiento es reflejo de la realidad externa. El lenguaje concebido como reflejo, así como la teoría pictórica del lenguaje (en la cual se cree que la imagen mental interna refleja la realidad externa), desempeñan un papel central como fundamento de un mindfulness centrado en el yo delimitado y separado.

> A fin de explicitar la posición relacional, asumimos una perspectiva de construccionismo social desde el holismo, donde se cuestiona la teoría pictórica y concebimos el lenguaje en un encuadre que propone que no hay una realidad externa-interna que reflejar, sino que construimos la realidad en el lenguaje, en un vocabulario, mediante el cual coordinamos nuestras acciones, lo cual trae consecuencias convergentes entre las afirmaciones del construccionismo social y las prácticas de la meditación budista.[31]

La conciencia relacional surge de considerar el yo no como un sujeto delimitado, sino como un ser interrelacionado, intrínsecamente relacional, y no como átomos que constituyen la sociedad en la que cada uno vive en su propio mundo. Somos relacionales, formamos parte de un todo. Estamos hechos de la misma sustancia que constituye todo lo demás en el universo, somos una combinación de partículas elementales, y estamos sujetos a las mismas leyes de la física y de la metafísica.

El ser relacional se centra en los procesos relacionales como fundamentales en la creación de todas las formas de vida. En la propuesta budista –afirma Kwee–,[32] el mundo de la mente o psique individual se construye a través de la palabra, del lenguaje, de lo que te dicen, te han dicho y te dices a ti mismo, así como de la inter-mente, que se concibe como existente antes de la mente individual. La actividad mental está en constante habla, diciéndote cosas a ti mismo o a los otros. De hecho, aunque uno esté físicamente solo, nunca lo está en su mente, ya que está junto a otros en una conversación interna, hablándoles, o pensando en lo que le dijeron o le pudieran decir, o hablándose uno a sí mismo. Si llevamos esto al corazón, al sentir, podríamos hablar del inter-corazón, ya que estamos interconectados.

El budismo propone estos cuatro marcos de referencia:

- El cuerpo y lo que le ocurre.
- La mente y lo que le ocurre.
- El cuerpo y lo que uno siente a través de él.
- La mente y lo que uno piensa y habla en su cabeza.

Son todos marcos relacionales, ya que se relaciona un espacio con otro, un aspecto con otro. Estos marcos de referencia contribuyen a preparar la mente y el sistema nervioso para el *insight*, es decir, para **el darse cuenta** y para **la motivación de querer cambiar**. La práctica de la presencia plena, del mindfulness relacional, está orientada a lograr un cambio de comportamiento en relación con uno mismo y el mundo. Estos marcos de práctica nos ayudan a educar nuestro darnos cuenta:

- ¿Qué le ocurre al cuerpo que habitas?
- ¿Qué sientes a través del cuerpo?

- ¿Qué le ocurre a la mente?
- ¿Qué piensas y qué te dices a ti mismo?
- ¿De qué te das cuenta cuando meditas?
- ¿Cómo te influye esto en tu vida diaria?

La mente se ve desde la perspectiva del ser relacional más allá del confinamiento del cuerpo. Es una mente que se expande hacia nuestros modos relacionales de involucrarnos. Es desde esta mirada que podemos hablar de presencia plena. McNamee la denomina *radical presence*, centrada en los procesos relacionales. Reconocemos como nuestras acciones y las de los otros invitan a ciertas respuestas. «El sentido de esta atención hacia los modelos interactivos que se van desenvolviendo es que reconocemos que nuestro bienestar y el bienestar del otro están intrínsecamente conectados. No se pueden separar y evaluar independientemente. Esta atención a la interacción que se desenvuelve momento a momento es una forma de presencia plena ante lo que estamos creando juntos».[33]

La concepción del ser relacional tiene sus fundamentos, por un lado, en el construccionismo social y, por otro, en el budismo relacional.

> Para Buda, el sufrimiento está enraizado en tres estados: avaricia, odio e ignorancia, que llevan, entre otras emociones, al miedo, a la ira y al dolor. La avaricia siempre es en comparación a otros. El odio también es en relación con otro u otros. La ignorancia es debida a no aprender de los demás. La sabiduría desintoxica a través del habla sanadora (diálogo intrapersonal con uno mismo e interpersonal en la interacción) y siendo amable con uno mismo y con los otros en un equilibrio hacia el no-ser o el no-yo. Esto requiere una perspectiva

relacional y una comprensión profunda del interser, la inter-mente y el inter-corazón, que están más allá del yo, entre-mentes y corazones engendrando el interser o el ser relacional de la compasión. La perspectiva relacional es acerca de la interrelación de la humanidad. Se muestra generalmente como una imagen de la red de Indra, una red de joyas con una gema en cada cruce que refleja el resto de las gemas como espejo de las infinitas interpenetraciones, simbolizando la interconexión de la humanidad.[34]

Desde el ser relacional entiendo y practico el mindfulness y la me-ditación como una acción conjunta, coordinada, en un espacio con-sensual en el mundo con los demás y no en el interior de la mente individual (que según el budismo no existe). Esto sitúa la práctica del mindfulness en un espacio de contacto encarnado y relacional, no separado. Frente a la delimitación tradicional del yo, aparece una confluencia en la práctica de la conciencia y presencia plena enten-dida como una acción conjunta.

Se trata de pasar del yo separado al ser interconectado. El ser inter-conectado piensa desde una mente abierta, en equilibrio, percibiendo la totalidad y la interrelación de todo con todo. Vive en un campo de apoyo mutuo, de ser en y para el bien común. Es conciencia amorosa.

Somos seres sociales y relacionales. En consciencia plena sabes que no somos yoes separados. Desmontas las barreras que te separan y vives consciente de que formas parte de la comunidad humana y de la interconexión con todos y con el todo. Ves al otro como ser hu-mano que forma parte de la familia humana. Reconoces la existencia del otro y la abrazas. No hay rechazo en tu corazón. Si lo hubiera, afloraría en la meditación y podrías perdonar y soltarlo para aceptar y abrazar al otro. Si el otro te ha herido, no es fácil perdonar y abrazarlo; quizá, más bien, el impulso es de rechazo. No se trata de estar de acuerdo ni de actuar como si nada hubiera pasado, sino de protegerte de manera que en el seno de tu ser no haya la energía del rechazo. Se trata de centrarte en lo que te da vida y nos da vida, y no en lo que rechazas, para que poco a poco esa presencia vaya disolviéndose en tu corazón y dejando de afectarte.

Como personas, no somos entidades independientes viajando por el tiempo y el espacio sin que nos afecte lo que nos rodea, no estamos aislados del resto del mundo. Seamos conscientes de la interdependencia. «Al haber visto la realidad de la interdependencia y haberla penetrado en toda su profundidad, ya nada puede oprimirte. Te has liberado», afirma Thich Nhat Hanh.[35] La cuestión está en vivir la realidad de manera saludable, y a esto nos ayuda la meditación practicada desde el ser relacional.

El mindfulness relacional nos ofrece una forma de conectar más íntimamente entre nosotros y soltar el espejismo de la separación que nos mantiene aislados y como extraños los unos de los otros. Es importante que a menudo te preguntes, por ejemplo: ¿Qué yo actúa? ¿Quién está aquí? ¿Qué ocurre bajo la superficie, en la intimidad de tu ser?

Desde el ser relacional y la práctica del mindfulness relacional, nos vaciamos del aferramiento a la identificación con el yo separado, el yo egoico. En este espacio de vacuidad, la identificación del yo cambia y recupero mi identidad auténtica.

- Yo soy: apoyado en los valores, principios y creencias que no me limitan, sino que me mantienen abierto. Vivo desde el ser en apertura al otro, al flujo de la vida y del Todo. Yo soy desde el núcleo sano.

- Yo estoy: trabajo mis actitudes y estados anímicos. Estoy dispuesto a superar mis diferencias y a mejorar mis capacidades con optimismo, ilusión y confianza. Estoy para y con el otro. Me libero de estar en los espejismos de lo que no es. Me voy liberando y nos vamos liberando de sufrir.
- Yo tengo: trabajo con el apoyo de mis capacidades y de otras personas y recursos. Compartiendo en la presencia de y como instrumento de la abundancia, esta fluye en mí y a través de mí hacia los que me rodean y hacia el mundo.
- Yo puedo: trabajo mis competencias que me permiten progresar al estar abierto. Al conectar con el flujo de energía y abundancia disponible en el universo, puedo cocrear con la naturaleza y con otros. Soy consciente de que solo no puedo; necesito conectar y relacionarme. En cambio, con el otro sí puedo. El otro no solo es otro humano, sino que también es el Teo, el Cosmos (incluido tu cuerpo) y el Todo. Es decir, sí puedes, pero teniendo en cuenta que debes cuidar el cuerpo y ser consciente de la abundancia que hay a tu disposición.

El yo se ha trascendido a sí mismo abriéndose a la alteridad y ha trascendido su yo egoico conectándose con su verdadero ser, que es relacional y es amor. Al trascender el ego, nuestro ser es consciente de la realidad, más amplia que la que uno puede percibir con los sentidos. Uno se da cuenta de lo que realmente es importante. Deja de reaccionar desde una postura defensiva y se muestra sin miedos tal como es. La consciencia se abre a nuevas perspectivas, y uno accede al conocimiento más profundo del ser.

A medida que la referencia del ego se va superando, la persona va adquiriendo un conocimiento que ya no está centrado en las propias necesidades fisiológicas y psicológicas. Al despertar la consciencia, se descubren los límites del ego, se reconoce la sacralidad del propio ser y se aprende a trascenderlo para entrar en conexión con la sabiduría que nos une a todos y con el Todo. Se manifiesta así el yo más profundo con toda su capacidad creativa, generadora de vida y de comunión.

«Si el grano de trigo no muere cuando cae a tierra, se queda solo, pero si muere, da mucho fruto», según Juan 12, 24.

Renunciar al yo limitado implica atravesar varios estados de «muerte» en los que uno se vacía de lo que contenía y queda inundado plenamente, no de algo que tenga que defender como antes desde la fuerza del ego, sino con la consciencia de que este yo se ha convertido en un receptáculo vacío: el corazón del ser, el núcleo sano, el espacio desalojado por el ego. Cuando se llega a ese lugar de vacuidad, se vive la comunión con el origen, con el todo y con todos. Diríamos que en ese estado eres *heartful*, *mindful* y relacional. **En ese estado vives la no dualidad, no hay dentro o fuera. El todo es en ti y tú eres en el todo.**

Un ser relacional es *heartful*, vive en consciencia plena y no solo ha trascendido el yo separado, lo que no es, sino que crea trascendencia. Su amor no es asfixiante, ni un amor que se quede entre tú y yo, sino un amor que influye en el mundo, que tiene presencia e impacto transformador. Así es consciente de que la mente –en su estado original– no tiene género, al igual que el ser –en su consciencia eterna– trasciende el género. Es una posibilidad apasionante.

La persona *heartful* permite que el otro sea; genera espacios de libertad, de perdón y de reconciliación. Ayuda al otro sin rescatarle, sin sentirle víctima. La conciencia de ser rescatadores les privaría de su poder. De esta manera, dota de autonomía al otro sin perder su propia energía, sin intentar dominar ni poseer al otro. Sentir la posesión es un espejismo, ya que no puedes poseer a nadie, ni nadie te puede poseer.

Un ser *heartful* en consciencia plena se conoce a sí mismo: es fuerte, pero no agresivo; es confiable y confiado; es libre, sin expectativas. Piensa en lo mejor para el otro, y lo otorga. Está conectado con la abundancia del todo y se siente pleno. Irradia como el sol, y así facilita y permite que los otros brillen. La energía fluye a través de él, no se estanca ni se bloquea. No vive solo de su propia energía. Accede a la energía de abundancia que hay en el universo. Es amor. Es vida. Es presencia de silencio pleno de vida. Es estar conectado y ser con el otro y con lo otro.

Raimon Panikkar lo explica con claridad cuando hace referencia a tres dimensiones de la existencia del ser y las une en la palabra «cosmoteándrico», refiriéndose al cosmos (universo), al Teo (divino) y al andro (humano).

> **La intuición cosmoteándrica es una visión en el triple núcleo de todo lo que es**, en la medida que es. En primer lugar, todo ser posee una dimensión abisal, a la vez trascendente e inmanente. **Todo ser trasciende todo, incluido, y quizás más precisamente, a sí mismo, que en verdad no tiene límites**. Es, además, infinitamente inmanente, es decir, inagotable e insondable. […] Todo ser real, por otra parte, entra en el campo de la conciencia; es pensable y, por este mismo hecho, está relacionado con el conocimiento humano. Las aguas de la conciencia humana bañan todas las orillas de lo real. Las tres dimensiones constitutivas de lo real no son mutuamente reductibles; por tanto, el mundo material y el aspecto divino son irreductibles a la sola conciencia. […] Todo ser, en definitiva, está en el Mundo

y comparte su secularidad. No hay nada que entre en la conciencia humana sin al mismo tiempo entrar en relación con el Mundo. Y una vez más, esta relación no es meramente externa o accidental: todo lo que existe tiene una relación constitutiva con la materia/energía y el espacio/tiempo.[36]

Estas tres dimensiones nos indican el camino hacia el ser relacional. Al ser, desde nuestro centro, abiertos y conectados, nos relacionamos con el cuerpo, que forma parte de la naturaleza (cosmos), con la conciencia –lo humano (andro) que nos abre a la sabiduría–, y con lo divino y trascendente (Teo). Esto se traduce en la meditación como una experiencia de ser sin límites y estar interconectados. Cuando estás inmerso en una experiencia, la estás sintiendo, la estás viviendo, estás fundido, sumergido y en comunión con ella. En ese momento, tú eres la experiencia. En el momento en el que piensas sobre la experiencia, o sientes sobre la experiencia y la narras, ya te has separado de ella. Vivir desde el ser experiencial es un modo de ser basado en la experiencia directa, en la cual la actitud básica es la de dejar ser y dejar estar. Estamos abiertos a la experiencia en el momento presente y los pensamientos que aparecen, en una situación ideal, no distraen de la experiencia. Quizá no haya pensamientos cuando estamos inmersos en la experiencia. La experiencia ocurre en un ser corpóreo inmerso en el mundo, en el paisaje, en la situación, en el espacio/tiempo, y no aislado ni solo en la mente.

Podemos afirmar que el yo experiencial está en el momento presente, en presencia plena, viviendo la experiencia. Mente, corazón y cuerpo están inmersos en una experiencia. Por ejemplo, vivo la belleza del paisaje y, en ese momento, soy paisaje, estoy en comunión con el paisaje, no me siento separada. La belleza la vivo dentro, en ese momento desaparece la dimensión dentro/fuera. En el yo experiencial, el ser es relacional –mente/corazón van unidos– y las vivencias son y surgen en el cuerpo, no en una mente «descorporeizada», y el contexto en el que surgen forma parte también de la experiencia. Soy en el todo, el todo es en mí. El todo incluye el cosmos, el andros y el Teo, así que podríamos afirmar que el todo es cosmoteándrico.

La meditación desde la conciencia relacional nos invita a retornar a nuestro ser interconectado, nuestro ser relacional, y así dejar de estar fuera de la vida, dejar de mirarla como espectadores e involucrarnos comprometiéndonos con todo corazón en la red de la vida que se da en el momento presente. Ser conscientes de esta interrelación nos abre a una calidad totalmente diferente de relacionarnos con nosotros mismos y entre nosotros, una forma de ser en el mundo en presencia plena.

5. Ser en el mundo

Participamos del cosmos entero. Somos símbolos únicos de la realidad total. No somos el mundo entero, pero, como les gustaba decir a los antiguos, "especulamos", somos un reflejo, una imagen de la realidad. Esto es lo que significa ser a imagen y semejanza del Creador. Y esta es la razón por la que todo *habla* de él: porque él habla todo. Ciertamente no existe mundo sin ser humano ni ser humano sin mundo. [...] Mi relación con el mundo no es, en definitiva, diferente de mi relación conmigo mismo: el mundo y yo diferimos, pero no somos dos realidades separadas, pues cada uno compartimos la vida del otro, su existencia, su ser, su historia y su destino de una manera única.

RAIMON PANIKKAR[37]

La práctica desde el ser relacional nos abre a la experiencia de la interconexión. Somos en el mundo y vivimos interconectados, no solo desde que hay internet. Nuestros vínculos forman parte de una red de relaciones, generaciones, lugares, culturas, intercambios, y un largo etcétera. Sin duda, se da una interconexión más magnética, un vínculo más sentido, entre las personas y los lugares que habitan. Como explica Raimon Panikkar:

Una vigorosa metáfora utilizada por un maestro Zen puede darnos otro vislumbre de la intuición de la unidad polar entre el ser humano y la naturaleza. «Aquí se muestra al desnudo la visión más hermosa de tu tierra natal». Quizás solo el lugar donde uno ha nacido tiene ese poder, esa aura de vida que lo hace aparecer no separado, no ya como una hermosa parcela de tierra o como algo en verdad «exterior» a nosotros, sino como parte integrante de nosotros mismos, una extensión o, más bien, una continuación de nuestro propio ser. Tal paisaje es más que geografía, e incluso más que historia: es lo más interior y esencial de uno mismo, el cuerpo o encarnación de nuestros propios sentimientos, de nuestro descubrimiento más personal del mundo, o del entorno, que no solo modela nuestras vidas, sino que realmente *es* nuestro campo de existencia propio. […] Ese lugar es parte de mí, igual que yo soy parte de ese lugar.[37]

Nuestro ser en el mundo viene configurado también por los lugares que hemos ido habitando. Y nuestra tierra natal forma parte de nuestro ser en el mundo.

La práctica del mindfulness secularizado y descontextualizado de su origen relacional y budista no solo no es suficiente para convivir con otros, compartir y ser en el mundo y alcanzar bienestar, sino que, tal como hemos visto, puede ser contraproducente, ya que puede incrementar nuestro ego y aislarnos más de las personas, de los lugares que habitamos y nos habitan, y del mundo. Si la práctica del mindfulness no desarrolla nuestra aceptación, compasión y resiliencia, no nos está ayudando a relacionarnos de forma saludable con el mundo. La práctica correcta de la meditación nos ayuda a vivir en armonía incluso en un mundo desarmónico, a estar centrados y sabernos mover y convivir entre las turbulencias relacionales sin causar más sufrimiento. De ahí la importancia de introducir el mindfulness relacional en los modos de enseñar, transmitir, practicar y vivir el mindfulness.

El mindfulness relacional nos lleva a vivir en sincronía con todo aquello de lo que formamos parte y que forma parte de nosotros. Al ser conscientes de la interconexión en la que habitamos y al estar más presentes en ella, es decir, más sintonizados con el todo, más alineamientos se dan. Por ejemplo, piensas en alguien y te llama; miras al cielo o un paisaje por un instante y justo en ese momento pasa el pájaro especial o la ardilla; decides ir por un camino o calle y te encuentras con alguien que estaba en tus pensamientos. Se dan las sincronías, y eso es natural cuando estás interconectado y presente en el aquí y ahora.

Trabajar con energía abundante es ser consciente de que eres relacional y puedes ser un canal, un instrumento, un ser conectado al todo, a Dios-Teo y al universo-Cosmos. Tomar de la energía abundante de la naturaleza, la conciencia y lo espiritual y trascendente te da la capacidad de cambiar el sistema unido a otros que también son conscientes de que ahora debemos actuar juntos desde la consciencia despierta.

Tolle nos recuerda que…

[…] sin el deterioro provocado por la disfunción egótica, nuestra inteligencia entra en plena sintonía con el ciclo expansivo de la inteligencia universal y su impulso de crear. Nos hacemos participantes conscientes en la creación de forma. No somos nosotros a nivel individual los que creamos, sino la inteligencia universal, con la que conecta el ser relacional y crea con y a través de nosotros. No nos identificamos con lo que creamos, y así no nos perdemos en lo que hacemos. Estamos aprendiendo que el acto de creación puede implicar energía de enorme intensidad, pero que eso no es «trabajo duro» o agobiante. Tenemos que entender la diferencia entre estrés e intensidad. La lucha o el estrés es una señal de que el ego ha regresado, como también lo son las reacciones negativas cuando encontramos obstáculos. Las únicas acciones que no provocan reacciones contrarias son las que van dirigidas al bien de todos. Son incluyentes, no excluyentes. Unen, no separan. […] El no ofrecer resistencias es la clave de acceso al mayor poder del Universo.[38]

Desde el ser relacional operas al servicio de la vida y del bien común. La resistencia es una contracción interna, un endurecimiento del ego, es cerrarse. Si con el mindfulness relacional nos hacemos conscientes de nuestra interconexión e interrelación con todo y en el todo, **cuando avanzamos en el silencio y entramos con mayor profundidad, pasamos a la práctica de la meditación contemplativa, en la cual aprendemos a rendirnos, a ceder, a no ofrecer resistencias y abrirnos a lo que Es.** Se despliega en y ante ti una nueva dimensión de la consciencia cuando cedes, cuando te rindes. Ceder es aceptar internamente lo que tienes y estar abierto a la vida. Es ser consciente de ¿en qué lucha quieres participar?, ¿has de luchar?, ¿qué te desgasta? Si es posible actuar, tu acción estará en sintonía con el todo y apoyada por la inteligencia creativa, la conciencia con la cual te unes en ese estado de apertura. En ese estado se producen coincidencias, las personas y las circunstancias te ayudan y te acompañan en tu siguiente etapa. Si no es posible actuar, permaneces con la calma interior que acompaña a este estado de rendición, entrega y aceptación. Este ceder no significa ser sumiso ni perder tu libertad, al contrario. Otra forma de entender la rendición está conectada con la libertad, y así nos lo dicen las *Upanishads* en el siguiente aforismo:

La libertad del alma no tiene leyes. Es una ley en sí misma.

La libertad no es sobre los demás; es en tu interior.

La libertad no tiene sentido si no es para todos.

Un hombre verdaderamente espiritual es aquel cuya alma es y está libre para Dios.

La libertad no será en el futuro si no lo es ahora en ti. Recuerda que **el poder está en tu presencia ahora. Solo el presente puede liberarte.** Eso es estar despierto y vivir con la consciencia despierta. La consciencia despierta no se apega. Sin apego, la mente no estaría atraída ni sumisa a nada ni a nadie. El signo del apego es la sumisión de algún tipo a pensamientos, palabras, acciones y relaciones. **Cuanto más libre eres, menos esperas la perfección en los demás ni en tu entorno.** Dejas de ser perfeccionista. Dejas de necesitar controlar. Aceptas. Fluyes. Gozas. ¡Eres libre!

No es posible conquistar la autonomía propia sin entender primero por qué no tenemos ya ese poder que vagamente recordamos haber tenido. Es necesario comprender dónde y cómo lo perdimos; comprender cómo dominar nuestro campo de energía personal para que no se contamine con dependencias o deseos que nos alejen de nuestra esencia. La danza cósmica de Shiva representa esta conquista en la que Nataraja, una figura de la mitología india, es un símbolo de vencer nuestras sombras. Simboliza la divina danza cósmica de la destrucción y la creación. Nataraja danza rodeado entre llamas y, aun así, mantiene el equilibrio sobre un enano que simboliza lo ilusorio, los espejismos, lo que no es, lo falso e incluso la encarnación del mal. Se destruye un mundo dañado, agotado, corrupto y se prepara para que la deidad Brahma inicie la creación. La danza cósmica de Shiva, Nataraja, simboliza el ciclo perpetuo de nacimiento, muerte y renovación.

Fritjof Capra manifestó que la imagen de Nataraja capturaba perfectamente su experiencia. «La danza de Shiva es la danza de la materia subatómica. La física de nuestros tiempos nos habla de la danza rítmica de los átomos. La metáfora de la danza cósmica unifica la mitología antigua, el arte religioso y la física contemporánea».[39]

Siendo como Nataraja, podemos vivir la vida como una danza y no como una lucha o una carrera de obstáculos. Asentados en la presencia de la abundancia, en sincronía con lo cosmoteándrico (conciencia, naturaleza y trascendencia), accedemos a cantidades ilimitadas de energía que están más allá de los límites del sistema egoico imperante, con lo cual nos convertimos en seres llenos de posibilidad y poder. Un ser *heartful* que vive en consciencia plena tiene un poder asociado a su propio valor y talento, y no al sistema ni a los cargos ni posiciones. Un poder que no impone, sino que brota de su autenticidad. Un poder que nos libera de necesitar la aprobación del otro. Asentándonos en este poder, somos auténticos, bellos, amorosos, tolerantes, compasivos, generosos, vulnerables y fuertes. Hemos modificado nuestra identidad limitada y nuestro sentido del ser, y así logramos desplazar los límites y eliminar las líneas fronterizas. Hemos trascendido el ego-carácter, el personaje, el yo limitado. Vivimos en el ser relacional interconectado. Y, aunque estemos en situaciones difíciles, como, metafóricamente, estar entre llamas igual que Nataraja, podemos danzar sobre el enano que representa los espejismos y lo que no es, ya que nuestro ser auténtico, conectado, unido, se ha liberado. Se ha liberado y actúa desde la energía de vida y abundancia que fluye en todo momento cuando estás presente, aquí, ahora y abierto.

Deja de ser lo que no eres, y lo que eres vendrá a tu encuentro.

Influencia de tu autoconcepto en tu ser en el mundo

Nuestro ser en el mundo viene influido por nuestro autoconcepto: cómo me veo a mí misma, cómo me describo y con qué me identifico. Hay un concepto social relacionado con los grupos con los que me identifico o de los que me siento parte, y otro autoconcepto más biográfico, relacionado con mi familia y mi biografía personal. Por otro lado, está el autoconcepto relacionado con mi cuerpo y cómo lo vivo. ¿Me siento cómoda, bien, guapa, alta, baja? Generalmente, mi autoconcepto corporal vendrá influido por las comparaciones que elijo y por cómo me influya cómo me ven los otros.

El autoconcepto varía si uno está en culturas individualistas o en culturas donde la colectividad es lo que prima. Para Gerard Hendrik Hofstede, en las culturas con más interdependencia entre los miembros de una sociedad, la gente pertenece a grupos e intercambian y se cuidan unos a otros con lealtad. En las culturas donde se pone más énfasis en la colectividad, como en Asia, África y algunos países o zonas de América Latina menos desarrollados, las personas dan más importancia al grupo que al individuo. En cambio, en las culturas más individualistas, la imagen que las personas tienen de sí mismas se define en términos del yo y no del nosotros. Se espera que las personas cuiden de sí mismas y no tanto de los otros: cada uno que se ocupe de sí mismo. Eso genera competitividad, separación, desconexión; es decir, sociedades en las que sentirse ofendido provoca falta de autoestima y culpabilidad. Evidentemente, esto es una generalización, investigada y estudiada por Hofstede en las dimensiones culturales de los países.

La idea que quiero transmitir es que el autoconcepto varía mucho, dependiendo de si se vive en entornos donde se potencia el logro individual –el «ser más que otro», el rendir más y mejor, el ser la más guapa, el más atractivo, el número uno–, o bien en entornos donde se potencia el trabajo en equipo, donde se colabora como parte de un todo, sin esperar recompensa o reconocimiento individualizado por lo que uno ha hecho.

Cuando el autoconcepto incluye una voz crítica propia o inculcada e interiorizada, esto puede dificultarte mucho la práctica de la meditación y el vivir con serenidad, por tus juicios internos que surgen del perfeccionismo, y, por ende, puede llegar a culpabilizarte, martirizarte, sentir vergüenza o ser demasiado exigente y duro contigo mismo. ¡Cuidado con el yo narrativo! (véase página 71).

El desapego y la deconstrucción del yo que se proponen en la práctica tanto del mindfulness relacional como de la meditación contemplativa y de la no-dualidad, guardan relación con cambiar nuestro autoconcepto, de manera que no esté tan condicionado por las opiniones de los otros ni por nuestro yo narrativo y pensamiento discursivo, el cual, a veces, puede ser aplastante.

Cuando practicas ser y vivir en presencia plena y en conciencia relacional, eres más amable contigo mismo y con los otros. Aprendes a salir de ser egocéntrico y eres relacional y «eco-céntrico». Es decir, tienes en cuenta a los otros –los ves, los reconoces, los escuchas– sin necesidad de imponer tus puntos de vista, y tienes en cuenta el entorno y tu impacto en él.

Cocrear con otros

Para vivir en presencia plena y en armonía con el entorno y con los otros es necesario un cambio fundamental no solo en la meditación, sino en la vida. Se trata de pasar de vivir centrado en uno mismo a vivir consciente del «yo-tú», es decir, de darnos cuenta de que somos relacionales y de poner al ser relacional, al yo-tú, en el centro. Para hacer el tránsito de la referencia del yo a la referencia del otro –del tú-otro, del eterno Tú–, debemos vivir una profunda transformación, que consiste en dejar de ser todo lo que no somos y con lo que nos hemos identificado. Se trata de pasar de vivir desde el yo separado al ser relacional.

Esta transformación tiene efecto en nuestro convivir y ser en el mundo, también en el ámbito laboral. Por ejemplo, en el entorno organizacional, cuando el líder es consciente del yo dialógico y de su ser relacional, no se aferra al poder, posición o privilegios, y es consciente de que existe un poder interior más profundo, lo que en indagación apreciativa se denomina el núcleo positivo y Franz Jalics llama el núcleo sano. Cuando los líderes trabajan desde este núcleo positivo, florecen junto con los demás y facilitan que los otros florezcan con ellos. Es decir, no les hacen sombra, sino todo lo contrario, los empoderan para que brillen. Compartir el poder, facilitar que otros brillen, empoderarles, darles cancha requiere de un liderazgo relacional, servidor y apreciativo. Es ser un líder abierto, dialógico, al que no se le tiene miedo y en quien se confía. Un directivo patriarcal, jerárquico, está asentado en las 7 «pes» (poder, posición, puesto, privilegios, paga, posesiones y personas a las que se les tiene apego y por las que se siente preferencia) y no ofrece espacio para que los otros crezcan a su lado. Desafortunadamente, aún hay muchos directivos jerárquicos y autoritarios que generan miedo, represión y lideran desde el yo delimitado y separado, no desde el ser relacional. Véase más desarrollado el tema en el capítulo 7, «Liderazgo relacional».

Se requiere una práctica profunda de atención plena en conciencia relacional para dejar ir lo que uno no es (por ejemplo, uno no es el rol que desempeña ni la posición) e invitar a la verdadera cocreación con los demás. Esto es necesario para superar la ansiedad y el estrés, para vivir una vida plena y saberse manejar en la incertidumbre y en la impermanencia. De no ser así, el directivo sufre crisis difíciles de superar y provoca grietas en su sistema relacional, tanto a nivel personal, de salud, como familiar y profesional. Por ejemplo, en Grecia y en España, cuando llegó la crisis económica de 2008 muchos altos directivos se suicidaron al perder su posición, privilegios y poder dentro de su organización. Posiblemente, ocurrió también en otros países, pero de estos dos tengo verdadera constancia. Su «yo» lo vivían desde su posición y privilegios y perderlos fue como caer en un abismo. No alcanzaron a saber cómo superar esa crisis de identidad y prefirieron no seguir viviendo.

Vivir en el mundo desde la conciencia relacional es lo que el maestro Thich Nhat Hanh llamó el interser. Desde el interser podemos crear sentido a partir de palabras como participante, grupo, comunidad, amistad, asociación, complicidad, y verlas como posibilidades de ser relacional sin separación individualista, centrándonos en lo que nos une. Quién soy y cómo soy te influye y afecta al mundo. La relación no dividida, es decir, desde el interser, desde el ser relacional y no desde el yo separado, invita a la no dualidad entre el yo y el otro, el tú. En la mayoría de las lenguas occidentales es difícil de expresar este concepto y vivencia, porque las nociones individualistas están inmersas en el vocabulario y en la lengua.

Existimos en un mundo de co-constitución, no hay un yo aislado. Según Gergen,[40] no podemos salir de la relación; incluso cuando pensamos que estamos solos, estamos en relación. Somos seres relacionales, pertenecemos y necesitamos el clan, la familia, el equipo, la manada, la comunidad. **El futuro bienestar del planeta depende en gran medida de nutrir y proteger los procesos relacionales.** Necesitamos cuidarnos de manera integral si queremos fomentar el bienestar en el trabajo y en las comunidades, y si queremos un planeta habitable y en armonía para nuestros hijos y las generaciones futuras. Por integral, me refiero a pensar y actuar de manera sistémica, una que tenga en cuenta nuestras relaciones e impacto en el medio ambiente en el presente y en el futuro.

Gracias a ser consciente de que soy relacional, considero al otro, y esto me facilita cambiar mis tendencias egocéntricas. Por ejemplo, viendo, sintiendo y reconociendo al otro como un yo legítimo y no como un objeto útil, se desmonta mi ambición de poder. Teniendo en cuenta al otro, puedo transformar la ambición de poder en poder para servir. La avaricia y la codicia, traducidas en afán de poder y riqueza, están en el origen de muchos de los desequilibrios que vivimos en el mundo. Quizá no podamos cambiar a un líder cegado por la codicia, pero sí que podemos cambiar en nuestro interior la tendencia a la codicia y el afán de poder, los cuales se expresan en desavenencias con socios, hermanos y competidores en nuestro ámbito laboral y profesional. Se trata, como venimos diciendo, de salir del espejismo de la mente de la separación, del yo delimitado.

Vivir en el mindfulness relacional, es decir, en presencia plena, es ser conscientes del sentido de unidad en la multiplicidad de la vida cotidiana, es ser en el mundo conscientes de los demás que lo habitan. Es ser y estar en el mundo desde la actitud de darse, compartir y colaborar. «Al ser concebido el mindfulness como inherentemente relacional, se propone e impulsa una experiencia y redescripción del ser-en-el-mundo-con-los-demás, lo cual permite vivir en un proceso

encarnado de presencia relacional».[41] Surge en la práctica la posibilidad de un contacto con la experiencia misma y con los demás, en
una interacción donde la presencia plena, el mindfulness relacional,
se entrelaza en un ser consciente del espacio que compartimos y de
la calidad de nuestras interacciones, cultivando la ética del cuidado
de sí y de los otros.

Gracias a la práctica de ser en el mundo desde el mindfulness
relacional, uno interactúa no con un intercambio de representaciones
conceptuales que pueden chocar o crear un sinfín de malas interpretaciones, sino que la interacción opera en el espacio de encuentro
donde se desarrollan las capacidades humanas mediante la acción
conjunta desde la transparencia y la presencia plena.

En las prácticas más asentadas del mindfulness secularizado,
se corre el peligro del aislamiento relacional. Uno practica para sí
mismo, está con su propia mente y se aísla de las complicaciones
relacionales. Para algunos puede ser incluso una huida. Hay personas que huyen con conductas adictivas. Desde el enfoque relacional es mucho más fácil crear espacios en los que la adicción pueda
transformarse. Bruce Alexander[42] argumenta que la adicción es el
subproducto de la sociedad capitalista en la cual, gracias a nuestra
ideología individualista, la gente está asilada y desubicada. Se sienten insuficientes y fuera de lugar en un mundo que no comprenden.
**Un entorno social colaborativo contribuye a liberar a las per-
sonas de las adicciones.** Un aspecto fundamental para lograrlo es
cambiar el concepto que uno tiene de sí mismo, el autoconcepto,
como ya hemos visto en el apartado «Influencia de tu autoconcepto
en tu ser en el mundo». Cuando mantengo un concepto de mí misma
adecuado, mi ser en el mundo es una gozada. Danzo en el mundo y
soy capaz de cocrear con otros.

Relacionarse con el mundo

Al mirar el mundo con el corazón y los ojos bien abiertos, puedes desesperarte por todo lo que no es como te gustaría que fuera, o bien darte cuenta de que quizá este momento de la historia nos ofrece la mejor invitación para despertar y terminar con el sufrimiento. ¿Aceptas la invitación?

Nuestra relación con el mundo tiene una influencia directa en nuestro ser, en nuestra presencia y en cómo abordamos la meditación y el mindfulness relacional. Si consideramos el mundo como un lugar de lucha y desesperación, un lugar de inquietud y sufrimiento constante, podemos tener la tendencia de huir, escondernos, recluirnos en nuestro pequeño espacio, dar la espalda o sentirnos indiferentes, adoptando la actitud de «yo no» o de «a mí no me importa». Entrar en una práctica de meditación desde un espacio interior de rechazo a la vida en y del mundo no es la mejor actitud para fortalecerse y vivir en armonía con y en el mundo.

No establecer una relación positiva con el mundo significa que no podemos despertar nuestro potencial vital para afrontar, ser proactivos y, en definitiva, vivir en el mundo desde la conciencia de la abundancia que nos permita encontrar caminos para avanzar, comunicarnos y cocrear con quienes nos rodean.

Nuestra forma de ver el mundo influye en cómo nos sentimos, en cómo nos encontramos y en lo que necesitamos. Algunos perciben el mundo exterior como una presión insoportable que anula el impulso vital y creativo. Se sienten traumatizados y se encierran en una soledad deprimente. Desde su yo separado, les cuesta relacionarse con el mundo y alimentan su sentirse solos y aislados.

Yo veo el mundo como un espacio de gran belleza y con múltiples posibilidades; un lugar lleno de vida y de personas hermosas; una naturaleza abundante llena de colores y de vida; una Tierra cuya diversidad ofrece muchas alternativas y una gran riqueza. Esta visión despierta en mí una actitud abierta a asombrarme, maravillarme y enriquecerme; abierta a aprender, compartir y amar. No ignoro los aspectos sombríos, pero no me centro en ellos. Actúo con contundencia y responsabilidad para contribuir a transformar, disminuir o eliminar ciertos aspectos desafiantes del mundo, como el calentamiento global, la falta de agua o la injusticia social. Por ejemplo, la electricidad que consumo en mi casa y en mi espacio laboral viene de fuentes renovables desde inicios del siglo XXI, cuando el discurso sobre el calentamiento global aún no era tan crítico. También consumo productos ecológicos y de proximidad. Ahora más que nunca debemos ser conscientes de estos detalles para, entre todos, contribuir al cuidado de nuestro planeta. Todas estas acciones suman.

Ver la maldad, la mentira, la corrupción, el terrorismo y la violencia me provoca preocupación, pero me aferro a lo que nos da vida y conecto con la compasión. Hay personas que ven y sienten el mundo como un peligro, una posibilidad constante de engaño, robo y muerte, una amenaza a sus vidas. Esto les causa miedo. Viven con el temor en su cuerpo. En cambio, si lo vieran como un manantial de belleza del que pueden gozar, un lugar donde la incertidumbre despertara en ellos sus ganas de vivir la novedad, lo vivirían como una aventura llena de momentos bellos, de lo contrario, lo vivirán como una tragedia llena de penas y fracasos. Según se posicione uno ante el mundo y ante sí mismo, vivirá gozando o sufriendo, confiando o temiendo. Hay historias de vida muy duras y quizá uno por sí solo no sabe ni puede cambiar su posicionamiento ante los hechos que ha vivido y está viviendo. Considero fundamental que nos ayudemos para lograr aligerar las cargas internas y ser capaces de posicionarnos en el mundo conectando con lo que nos da vida y cortando conexión con lo que nos aplasta interna y externamente. Es bueno saber a quién o a quiénes pedir ayuda, y pedirla. Recibir acompañamiento apreciativo y, si cabe, espiritual, nos ayudaría a cambiar nuestro posicionamiento en y ante el mundo para pasar del miedo a la confianza, de la indefensión al poder personal y relacional.

Es importante que seas consciente de cómo te posicionas en y ante el mundo. Puedes posicionarte sintiéndote indefenso y sin fuerzas, o sentirte prepotente y que puedes con todo. Ni un extremo ni el otro son el posicionamiento idóneo. Puedes sentir que todo es una gran comedia, un teatro, y que te adaptas según la escena en la que estés. Te sientes actor ataviado con un traje para la ocasión, un papel determinado, según el lugar y el momento, sabiendo que esa vestimenta no eres tú y que el momento pasará. Puedes jugar y reír, trivializar y saber que nada es permanente, que la felicidad del momento se disolverá, y el sufrimiento del momento, también. **Aceptar la impermanencia te libera.**

Puedes estar alerta y en paz interior mientras percibes sin dejarte absorber por lo que ocurre a tu alrededor. El maestro budista Thich Nhat Hanh es un ejemplo de cómo se posicionó ante la violencia y la persecución, con marchas por la paz en Vietnam, su país natal. Posteriormente, durante la guerra de Vietnam fue a conversar en pro de la paz con los soldados norteamericanos que estaban matando a su gente. Su actitud era conciliadora y reivindicativa, desde la no violencia. Fue un ejemplo de compasión en la práctica.

Otro ejemplo inspirador de posicionamiento en el mundo frente a la adversidad es el del jesuita Franz Jalics. En la época en que vivió en Argentina, se dio la dictadura militar. Él quería dar testimonio de que, aunque la miseria existía, era posible hacer algo por los pobres con medios pacíficos. Fue a vivir en las villas miseria (chabolas). Algunas personas interpretaron este hecho como un apoyo a la guerrilla y alguien de su propia comunidad le denunció como si fuera un guerrillero, un terrorista. No lo denunció cualquiera, sino alguien de su propia comunidad, lo que debió de incrementar su dolor. En mayo de 1976, los militares le detuvieron a él y a un compañero de la misión. Enseguida, los encapucharon, esposaron y los mantuvieron en cautiverio durante cinco meses, con los ojos vendados, las manos atadas y una pierna sujeta a una pesada bala de cañón. Les dijeron que les liberarían pronto porque vieron que eran inofensivos, sin embargo, sus esperanzas se fueron desvaneciendo al ver que pasaban las semanas y seguían presos.

Franz pasó por ciclos de rabia en contra de la persona que los había denunciado falsamente, luego de impotencia, tristeza inmensa, miedo y depresión. Logró llorar con un llanto intenso. A pesar de esos diferentes estados emocionales, seguía meditando y repitiendo el nombre de Jesús. Cuando le liberaron, se dio cuenta de que los meses de secuestro y prisión y la proximidad de la muerte, unidos a la constante repetición del nombre de Jesús como un mantra, habían provocado una purificación profunda en su interior. Jalics explica, al narrar este episodio de su vida, que: «La quietud puede poner en movimiento muchas cosas en el interior de la persona. Al prestar atención a Jesucristo, nos comunicamos con su poder sanador».[43]

Hay otras personas que se posicionan ante el mundo con miedos creados por la imaginación y las fobias de su propia mente; es decir, nada que ver con las vivencias de Jalics. Por ejemplo, acompañé a un directivo, en sesiones de *coaching,* que tenía miedo de acabar en prisión. Cada vez que veía a la policía por la calle, temía que le cogieran, se produjera un escándalo público y saliera en los medios de comunicación. Su vida es de una gran prudencia, de respeto a los otros, a las normas y las regulaciones vigentes. No hay nada en su historia que indique que se le pueda llevar al calabozo: es un buen padre, buen marido, buen profesor y buen directivo; sin embargo, su mente crea realidades ficticias, basadas en películas, en noticias y en sus propias elucubraciones mentales, acerca de que le pueden encerrar en la cárcel. Esto le hace vivir con temor y obsesionado. Es una situación inexistente, pero vive más en la creación de su mente que en la realidad.

A veces sufrimos más con lo que nos imaginamos que con lo que en realidad sucede. Uno crea una realidad mental y vive su entorno desde esa creación mental, sin percibir el momento tal cual es, con todas sus dimensiones y perspectivas. Si lo percibiera, se daría cuenta de que, en la mayoría de las ocasiones, las amenazas solo existen en su propia mente. Pero incluso cuando existen de verdad, como en el caso de Jalics en sus días de secuestro, podemos dedicar tiempo a aquietar nuestra mente e invocar el poder sanador de Jesucristo. Quienes no sienten conexión con Jesucristo pueden abrirse al amor universal, a la presencia sanadora del universo, al manantial de vida, a la naturaleza con toda su abundancia, o a Dios. Lograr este efecto sanador requiere de atención, concentración, alineamiento y presencia plena. Desde la distracción no se logra.

Es posible que vivas tan abrumado por los muchos estímulos que tu atención esté constantemente distraída. Si las circunstancias te dominan y permites que manden sobre tu vida y tus emociones, entonces sentirás rabia, porque las cosas no son como quieres que sean; o bien tristeza, porque parece que lo que tenías se te va de las manos y la vida se lo lleva a otra parte; o desilusión y decepción, porque habías puesto esfuerzo y empeño y, sin embargo, las cosas siguen igual o peor; o también miedo y temor, porque te pueden herir y puedes hundirte y ahogarte. Cuando la rabia, la tristeza, la decepción y el miedo te invaden, la vida se vuelve difícil y te mueves en terrenos rocosos, áridos o espinosos, en arenas movedizas o en pantanos con aguas estancadas. Quizás, entonces, sea el momento de aprender a surfear. Surfear te ayudará a salir del yo que opera desde la mente de la separación y entrar en interconexión.

Surfear sobre las olas es ser relacional y posicionarse con inteligencia ante lo imprevisto y lo previsto. No sabemos exactamente qué ola avanzará ni cuándo, pero lo que sí sabemos es que una ola vendrá y, después, aparecerá otra. Superas una situación y aparece otra diferente. Surfear con las olas de la vida implica jugar, crear y aceptar que la ola es y viene, no juzgarla ni luchar contra ella sabiendo que no es permanente. Saber caerse y nadar, atreverse, dar paso al otro, danzar con el mar y el vaivén de las olas, reír del juego y reírse de uno mismo. Ser flexible y entrenarse para el juego, jugándolo. Es darse cuenta de la impermanencia de todo y no quererlo controlar. Aprendamos el arte de ser creativos en la impermanencia, en los cambios y en la complejidad. **Soltemos el afán de controlar y de querer tenerlo todo controlado, y nuestra vida será de plenitud y gozo.**

Cuando los problemas y situaciones del mundo invaden tu mente y tu corazón, te sientes impotente, estresado, angustiado e incapaz de salir al mundo para compartir tu luz desde tu mejor yo, tu ser auténtico y relacional. Cuando estamos agotados, ya sea por las presiones diarias o por nuestras luchas y responsabilidades, es bueno hacer un retiro de unos días para desconectarnos del mundo y reconectarnos con nuestra vitalidad y núcleo sano. Es una desconexión temporal con la idea de tomarse un respiro y volver con energías renovadas. Ir a un retiro no es un rechazo del mundo, o un deseo de alejarse de él, más bien es una afirmación y una expresión de amor por la vida. Cuando uno afirma la vida, crece el amor y el aprecio por ella y por el mundo. Meditar desde la afirmación de la vida y del amor nos lleva a espacios de alteridad y trascendencia muy diferentes a si meditamos desde un espacio interior de rechazo e indiferencia.

Generalmente, los retiros de meditación se dan en lugares rodeados de naturaleza. Convivir y pasar tiempo en la naturaleza es una forma de revitalizarnos y nutrir nuestra esencia. No conozco a nadie que no se haya beneficiado de los árboles, el aire fresco, el sonido del agua que fluye, de sentir la tierra bajo los pies o contemplar cielos hermosos. Estar en la naturaleza nos ayuda a recordar nuestro sentido de pertenencia a la Tierra. Por el contrario, cuanto más vivimos en entornos artificiales, desde una mentalidad de consumidor, menos conectados estamos con nuestra esencia y más se empequeñece nuestra perspectiva. En un bosque, frente al mar o en las montañas y junto a lagos y ríos, nos damos cuenta de nuestra relación con la biosfera. No estamos separados. Una inmersión relacional y sensorial de nuestra vida con la naturaleza nos reconecta con nuestro ser esencial y relacional. Sentimos el gozo de vivir y la abundancia a nuestro alcance.

En un retiro de unos cuantos días (no solo de un fin de semana, sino mínimo una semana o diez días), podemos experimentar que vivir en sencillez es suficiente para alimentar nuestro ser. Nuestras necesidades se cubren desde la abundancia que emerge al abrazar el espíritu. No necesitamos más. Nos damos cuenta de que necesitamos mucho menos para vivir en la abundancia de la vida de lo que pensábamos o creíamos. Y, ojalá con la práctica y vivencia en los retiros, puedas **cambiar la actitud de ir a pasar un tiempo en la naturaleza, por la de vivir tu vida cotidiana en la conciencia relacional inmersa en la naturaleza**. Es decir que, aunque vivas en entornos urbanos, tu conciencia esté vinculada a la biosfera y al planeta.

La práctica de la meditación contemplativa en una inmersión en la naturaleza, despierta nuestros sentidos y percepción. Dejamos de observar desde la mente intelectual, que analiza, etiqueta, busca explicaciones, y percibimos lo que es tal como es. Salimos del discurso mental y nos dejamos impregnar por la presencia de los árboles, los pájaros, el cielo, la naturaleza y todo aquello que la compone y la habita. Practicamos la escucha plena y sentir el árbol, la abeja, la flor, las nubes, tal como son en el momento presente, en vez de etiquetar o contarnos historias sobre lo que vemos. Al narrarlas, nos vamos a la mente y salimos del presente. En la presencia plena, nos involucramos con el mundo natural desde la reverencia, el respeto, la apertura mental, de corazón, corporal y sensorial, lo cual nos invita a llegar a ese lugar de unidad, *oneness* en inglés, es decir, ser uno con lo que te rodea.

Para cuidar de nuestro mundo, de nuestro entorno, nos fortalece la práctica compartida de meditar. En grupo nos empoderamos y revitalizamos más que en soledad. En el espacio del mindfulness relacional compartido, creamos un ambiente de tranquilidad y seguridad; como resultado, las personas se fortalecen y reconectan con su generosidad y gratitud. El grupo responde con un compromiso social, es decir, se compromete con acciones centradas en el otro y no en el yo individualista. Resuenan con los demás del grupo y de fuera de él. Cocrean encontrándose en un suelo fértil en el que pueden echar raíces y florecer muchas posibilidades de acción conjunta.

Cocrear con la tierra

Las personas con conciencia relacional establecen una relación con el mundo en la que son respetuosos con el medio ambiente sin generar una dependencia dañina que provoque miedo en los demás. Un ejemplo claro de establecer esta relación con el mundo, que incluye la relación con la tierra, la naturaleza y las personas, es el de Dorothy Maclean, una de las fundadoras de la ecoaldea de Findhorn. La única comunidad que sigue en pie y floreciendo de entre las que se crearon a inicios de la década de los 1960 en Europa. Dorothy logró, gracias a su relación de cocreación con la naturaleza, transformar un desierto de dunas e infértil en el norte de Escocia en un hermoso jardín y un lugar «agriculturalmente» fructífero. Sus coles de más de diez kilos se hicieron famosas, y biólogos de todo el mundo acudieron a investigar cómo se había logrado esa transformación del suelo. Para Dorothy y la comunidad, era –y continúa siéndolo– un trabajo de cocreación, de veneración y respeto por y hacia la tierra. La práctica consistía en hacerlo todo con amor y lo más perfectamente posible.

> Iniciábamos el día centrándonos en el jardín, y seguíamos con nuestra jardinería con el mismo tipo de cuidado y perfección que habíamos aprendido a poner en todo lo que hacíamos. [...] Para aquellos que tienen visión, perspectiva, en la vida todo tiene sentido y significado. Por ejemplo, hay un sentido espiritual en el soplo constante del viento, aunque a veces provoque resultados poco placenteros. Las fuerzas de la naturaleza son algo en lo que entrar y sentir su esencia, y sintonizar con ella. El sol, la luna, el mar, los árboles, la hierba, todos forman parte de la vida. Todo es una vida. Sintoniza con ella. [...] **Nuestras creencias son nuestras limitaciones y nuestros**

mayores bloqueos para lograr esta sintonización con la vida de la naturaleza.[44]

Cambiemos nuestra manera de sintonizar con la naturaleza. Cuando sintonizas con ella…

[…] empiezas a ver la tierra del suelo como parte de un organismo vivo, y las plantas, como vínculos con su entorno, un centro de energía integrado e interactuando con su entorno. Te das cuenta de que estás rodeada de vida, eres una fuerza vital moviéndose entre otras fuerzas vitales. A medida que reconoces esto y te abres a ellas, te acercas a ellas y te conviertes en una con ellas, y trabajas con ellas con un propósito divino, para el bien común de todos y de todo.[45]

Normalmente te relacionas con la tierra a través de tu mente, y se trata de relacionarte a través del amor y la conciencia de *oneness*. A pesar de tu autoridad creativa por ser humano, debes aprender que formas parte del reino de la naturaleza, y aunque tengas cierto dominio sobre ella, no puedes destruirla sin destruirte a ti mismo también. […] La cabeza y el cerebro tienen autoridad sobre el cuerpo humano, pero el cerebro no puede someter el cuerpo a un estrés y tormento indebido, tal como hacen muchos humanos a través de su dieta y acciones en su vida, y esperar sobrevivir; ya que, si el cuerpo es destruido, el cerebro tiene que morir. […] Hemos alcanzado un punto de crisis e inflexión. Si continuamos ejerciendo nuestra autoridad y dominio sobre el mundo sencillamente porque tenemos el poder para hacerlo, destruiremos el fluir ecológico de este planeta y en el proceso nos destruiremos a nosotros mismos. […] Debemos aprender a ejercitar nuestra autoridad creativa e inspiracional de forma que exprese nuestro amor por todo lo que vive en y sobre la tierra.[46]

¿Qué pasos podemos dar para vivir el mindfulness relacional que nos lleve a cuidar de nuestro mundo? Algunas preguntas, algunos datos...

Primero debes tomar una decisión relacionada con la pregunta de si... quieres ser parte del problema o de la solución. Y comprometerte. Si estás leyendo este libro, entiendo que ya estás formando parte de la solución. Veamos algunos ejemplos en tu día a día:

Con cada paso que das, cuando caminas, ¿acaricias la tierra? ¿Caminas pisando fuerte sin ser consciente de la tierra que te sostiene, haciéndola temblar a tu paso? ¿Cuidas lo que te sostiene?

Con cada decisión que tomas, ¿cuidas de nuestro mundo? ¿Eres consciente del impacto a tu alrededor y, en un radio más amplio, en nuestro planeta?

Puedes empezar por lo pequeño. Cuidar lo que ya tienes también es importante. Tratar cada objeto con cariño y atención es cuidarlo. También cuidar de lo que comes.

Cuando compras bananas de países lejanos porque cuestan unos céntimos menos que los plátanos de tu país o de un lugar más cercano, ¿sabes que estás apoyando la explotación? Además, esas bananas que han viajado en aviones y barcos miles de kilómetros dejan una mayor huella de carbono. Comprándolas contribuyes al calentamiento global.

Cuando aceleras el coche para ir más rápido, aun cuando no necesitas esos minutos que vas a ganar, ¿piensas en que estás aumentando la contaminación?

¿Eres cliente de empresas de electricidad que usan combustibles fósiles o utilizas electricidad procedente de fuentes sostenibles?

¿Dónde inviertes tu dinero? ¿A quién sirve tu dinero? Cuidar del planeta y de nosotros pasa también por ser conscientes de que el dinero que ganemos se utilice e invierta en fines no violentos, que respeten la naturaleza y no amplíen la diferencia norte/sur, pobres/ricos. Por ejemplo, no deberíamos invertir en proyectos, en fondos de inversión ni en bancos que con el dinero sustentan la destrucción del medio ambiente, el incremento del calentamiento global, la fabricación de armas y las energías fósiles. Muchas industrias tóxicas para el planeta sobreviven gracias a nuestro consumo. Si no consumiéramos sus productos y no fuéramos sus accionistas, esas industrias tendrían que reinventarse o morir. Ser consumidor responsable es ser consciente del impacto que provocas con lo que compras, por qué lo compras y a quién se lo compras. La pregunta de qué compramos tiene que ver con el respeto al mundo y al medio ambiente.

Aunque vivamos en entornos urbanos, hay múltiples formas de vivir en un paradigma que honre a la Tierra. Podemos alinear nuestro estilo de vida con el espíritu de suficiencia; es decir, el espíritu de dejar de querer satisfacer necesidades que en realidad son innecesarias. Comprometerse a vivir desde lo más sostenible es una práctica espiritual, no solo ecológica. Es ser consciente de cómo cada día usas el agua, la energía… y los recursos en general.

Agradece de forma activa todos los recursos que están a tu disposición. De vez en cuando, y durante un período, renuncia a consumir algo que realmente no es necesario y que, por lo general, ni te cuestionas si no lo tienes a tu disposición.

Sé consciente de tus pensamientos y deseos que te llevan a querer más y más, diferente, mejor, y aún más. Cuestiona esa suposición de que necesitas consumir productos, sean de comida o limpieza, que no apoyan la sostenibilidad ni son ecológicos.

6. Mejorar las relaciones con mindfulness relacional

Pedid, y se os dará; buscad, y hallaréis; llamad, y se os abrirá.
Porque todo aquel que pide, recibe; y el que busca, halla;
y al que llama, se le abrirá.

MATEO 7,7-11

El mindfulness relacional y las relaciones *mindful* se refieren a aspectos diferentes, aunque están conectados. El primero lo hemos visto en los capítulos anteriores, y nos indica desde dónde vivimos, nos relacionamos y practicamos la meditación. Nos torna conscientes de que somos seres relacionales; es decir, que nuestro ser es relacional y está interconectado. Mindfulness relacional significa también la vivencia de que mi conciencia, mente y cuerpo están en constante relación entre sí y en interrelación con el entorno. Se nos invita a vivir como seres cosmoteándricos, trascendiéndolo todo, incluidos a nosotros mismos, ya que no tenemos límites. Las tradiciones concuerdan en esto: el camino del ser espiritual pasa por conocerse a sí mismo para salir del ego, del ser delimitado y encontrarse con el otro y con la totalidad.

Por otro lado, con relaciones *mindful* me refiero a cómo nos relacionamos; a ser conscientes de nuestras relaciones, y a estar atentos y cuidarlas. Cuidar la palabra, lo que decimos y cómo hablamos, teniendo presente el impacto que pueda tener en el otro; cuidar cómo nos ponemos de acuerdo, cómo intercambiamos, qué hacemos y cómo nos sentimos al hacerlo, y cómo se sienten los otros por lo que hacemos; cómo convivimos y qué sentido tiene lo que hacemos, es decir, para qué lo hacemos. Es estar atentos, presentes, escucharnos unos a otros, sentirnos y reconocernos entre nosotros.

> Ser conscientes de cómo explicamos lo que nos pasa, qué hacemos o no hacemos, qué estado emocional nos acompaña y qué sentido tiene para nosotros lo que estamos viviendo, es lo que nos ayuda a comprender cómo nos relacionamos. Así podremos abordar una situación que nos bloquea y que nos impide estar con las personas a las que queremos o necesitamos.[47]

Como seres sociales, pasamos gran parte de nuestra vida comunicándonos con otros. Mantener estados de presencia plena durante nuestras interacciones nos permite estar centrados y acceder al potencial de creatividad, amor, comprensión y aceptación. Lo que ocurre es que es más fácil experimentar la presencia en estado de escucha que cuando hablamos. Cuando uno habla, se incrementa la experiencia del yo y se es menos consciente del impacto. Sin darnos cuenta, emerge el yo narrativo, se cuentan historias y se está más en la narración que en la realidad presente, en vez de estar aquí y ahora con la persona que está con uno; se está absorto en las historias. La narración se convierte en la realidad.

La práctica del mindfulness relacional y de la meditación contemplativa en nuestra vida diaria nos recuerda a nosotros mismos y a nuestras relaciones quiénes somos realmente. Nos ayuda a salir de las suposiciones, de los espejismos, de las interpretaciones y de las proyecciones que, a menudo, y sin darnos cuenta, vivimos en nuestras relaciones.

Los procesos relacionales están en el centro de la mayoría de los desafíos que afrontan las personas que piden acompañamiento y *coaching*. En muchas ocasiones, el desafío surge de la relación con la pareja, con el hijo o hija, con los padres, con un socio, un colaborador o con un equipo. Todos los desafíos que encontré y encuentro en las organizaciones con las que trabajé y con las que colaboro tienen en su foco los procesos relacionales. Las relaciones son esenciales para organizar, sostener, crear y desarrollar las actividades de las personas que trabajan juntas o que conviven a diario. Es necesario coordinar las acciones.

La comunicación es el núcleo de cualquier acción coordinada. La diversidad en la raza, género, edad, religión y etnia en la fuerza laboral ha aumentado las brechas entre las personas a medida que sus valores y motivos difieren. Incluso dentro de un mismo grupo, como puede ser, por ejemplo, una congregación, una institución educativa u otra organización internacional, la diversidad exige la necesidad del diálogo intercultural, la apertura a diferentes formas de vivir los mismos principios y la comprensión mutua, para hacer posible la convivencia y el trabajo conjunto.

Las relaciones intergeneracionales en el seno de las organizaciones también presentan desafíos. Los mayores no necesariamente son los más sabios, y tienen que dejar de lado algunos, o todos, sus enfoques tradicionales ya que no ofrecen perspectivas ni prácticas adecuadas para las necesidades actuales de la organización y de aquellos a quienes sirve. Se hace necesario comunicarse a todos los niveles de manera que haya presencia, participación y compromiso de todos los implicados.

La presencia, participación y colaboración con otros consigue inspirar y desafiar en una medida que es inaccesible para un ser en solitario. Como veremos en las siguientes páginas, la indagación apreciativa ofrece metodologías y formas de ser, estar, comunicarse y relacionarse para lograr hacer emerger la sabiduría colectiva. Nos acompaña a un cambio de discurso comunicándonos desde el lenguaje de la abundancia.

El mindfulness relacional aplicado a cómo nos relacionamos nos ayuda a asentarnos en nuestra soberanía personal, a crear relaciones armoniosas y plenas, a cambiar nuestro discurso; es decir, a ser conscientes del lenguaje que utilizamos, para que haya claridad, para que nuestras palabras den vida y construyamos sentido. El mindfulness relacional también nos lleva a ser conscientes del sistema y cómo vivimos nuestro ser en el mundo.

Veamos estos temas más desarrollados a continuación.

Soberanía personal y las relaciones *heartful*

Cuando el otro ejerce poder sobre nosotros, reaccionamos sin ser plenamente dueños de nuestras emociones. Nos frustramos, enrabiamos, y parece que seamos marionetas de las influencias de la otra persona. Liberarse de la culpabilidad, de las quejas y las excusas y saber manejar la rabia es necesario para mantener relaciones saludables. Estas emociones surgen del yo separado: nos encierran en nosotros mismos y nos separan de los otros. Es difícil dominar o erradicar estas reacciones si estamos bajo la influencia de otros yoes separados, de otras personas que viven desde su yo egoico.

Para salir del bucle en el que, a menudo, por temor a la soledad o a ser rechazados, nos vinculamos con dependencia y, desde la dependencia, nuestros egos controlan y provocan rabia y dolor, seamos conscientes de nuestro yo relacional, asentémonos en nuestro ser. A veces nos lo facilita el contribuir, cooperar, solidarizarnos con los otros, ser de ayuda y vivir los valores que nos abren al otro y al mundo. Significa cambiar el patrón de comportamiento y actuar desde la generosidad, dejando de ser personas necesitadas, apegadas y dependientes.

Cultivemos nuestro espacio interior y salgamos al mundo para esparcir sabiduría, compasión, solidaridad, amor, tolerancia, aceptación, comprensión y armonía. Se trata de tener una visión amplia y global, y salir de la visión cerrada y autocentrada. Cuando estás autocentrado, piensas en lo que no te va bien, en lo que te pasa, en que eres «víctima» de esto y aquello, te preguntas «¿por qué a mí?», y vives en una espiral de lamentos y quejas. En cambio, al salir de ahí y tener una visión más amplia, los horizontes se ensanchan, y puedes danzar, como hemos visto que hace Nataraja (véase página 89). Para lograrlo se requiere soberanía personal.

No podemos dar a los demás cuando nos sentimos debilitados por la pesadez del mundo y por la atmósfera de un mundo cansado. Solo podemos dar a los demás cuando hemos recuperado nuestro poder mental, emocional y espiritual. Al asentarnos en el poder de nuestra presencia, podemos convivir con mayor facilidad, en un aprendizaje continuo que nos fortalece y enriquece. Debemos concienciarnos de nuestra capacidad de convivir con mayor serenidad y plenitud.

Con el fortalecimiento mental, emocional y espiritual de un ser relacional, desde nuestro núcleo sano avanzamos hacia un estado de florecimiento que nos abre la vía a la plenitud asumiendo nuestra soberanía personal y estableciendo espontáneamente nuestra conexión con el mundo en el amor y en el trabajo, en la expresión genuina de nuestras facultades emocionales, sensitivas e intelectuales. De este modo nos unimos con los demás, con la naturaleza y con nosotros mismos, sin despojarnos de la integridad de nuestro ser. Podemos convivir, compartir y también vivir una soledad plena que nos da tiempo y espacio para la creatividad, el arte, la reflexión y la meditación. Así lograremos estar bien a solas y con los demás.

El verdadero poder interior lo desarrollan quienes conviven y trabajan juntos, no quienes se alejan de los demás. Por los demás, hacemos cosas que no haríamos por nosotros mismos. Al relacionarnos, ampliamos nuestros límites mentales y agrandamos nuestro corazón. En las relaciones y en la convivencia se estimulan las defensas del ego y los juegos de la personalidad, dando pie a ser conscientes, a darnos cuenta y, por consiguiente, a un mayor crecimiento y desarrollo personal. Al convivir, practicamos nuestras cualidades y poderes internos: tolerancia, capacidad para adaptarnos, tener paciencia, escuchar, comprender, aceptar, amoldarnos, perdonar, comunicar, fluir, discernir, no influirnos y no depender. Cuando desarrollamos la mirada apreciativa, nuestra convivencia es más amable; aprendemos a ser y a amar con mayor amplitud. Pasamos así del miedo a la confianza.

En la actualidad, nuestra confianza en nosotros mismos y en la humanidad es mucho más insegura.

> Tendemos más bien a creer que hemos desatado fuerzas que ya no controlamos y hemos explotado los recursos naturales de la Tierra tan desenfrenadamente que corremos el peligro de agotarlos cuando crezcan nuestros nietos. Sin embargo, la causa principal de nuestra confusión y alienación radica en que hemos perdido el apoyo de una fe común en la bondad fundamental, en el carácter razonable y

la integridad personal de la humanidad; de hecho, hemos perdido el apoyo de toda fe. Lo que de verdad compartimos, nuestro acervo común de ideas, probablemente sean los reproches y profecías de calamidades; o bien la protesta, lo cual normalmente es una queja contra algo y rara vez un testimonio a favor de algo. [...] No obstante, resulta posible disfrutar de una unidad más profunda y valiosa, enraizada en la percepción común del potencial del espíritu humano, más que en las limitaciones de la vida.[48]

Las personas dan sentido a nuestro ser y hacer. Nos construimos con el otro. Estando con el otro, nos vemos en un espejo y crecemos. Las relaciones se convierten en un proceso de revelación propia y ajena, en las que uno se descubre a sí mismo descubriendo al otro. «Las personas solo pueden llegar a reconocerse cuando se olvidan de sí y permanecen en presencia del otro».[49]

Somos fruto de nuestras relaciones. Nacimos de una relación. Todo nuestro desarrollo pasa por las relaciones. Desde que nacemos nos relacionamos con otros: la madre, el padre, los tutores, cuidadores, hermanos, abuelos, amigos, maestros, compañeros, y así hasta la actualidad; cada uno es el resultado de múltiples relaciones. Nos creamos a nosotros mismos a través de nuestras relaciones. Somos seres relacionales y sociales. Cuando les pregunto a las personas sobre lo que es significativo para ellas y da sentido a sus vidas, las respuestas giran en torno al amor; es decir, en torno a las relaciones que permiten su expresión, como son las relaciones con los hijos, la familia, los colegas del trabajo, los amigos, y también la relación con Dios y con la naturaleza.

Aunque estuviéramos físicamente aislados, podríamos descubrir las huellas de una relación en cada uno de nuestros actos, ideas y deseos. Por ejemplo, hago algo por un hábito que aprendí de pequeña de mi abuelo paterno (de hecho, toda mi familia adquirió ese hábito, que en nuestro caso tiene que ver con hábitos de higiene personal), por lo tanto, es una acción que hago desde el ser relacional. Otro ejemplo es cuando digo algo que otros me dijeron, repito un rumor, una creencia, una historia; o bien vivo en una creencia que me inculcaron. Son acciones, palabras, pensamientos y creencias que surgen de relaciones pasadas o actuales, ausentes o presentes, que tienen su origen en una o múltiples relaciones.

Al compartir con otros, podemos conocernos mejor a nosotros mismos. Al relacionarme con el otro, tengo la oportunidad de revelar una parte de mí que, si no, quizá hubiera permanecido escondida. Me conozco más gracias a esta revelación que se da en el espejo que el otro es para mí.

Si las relaciones son un medio de gratificación, de encontrar placer, un escape o una distracción, no puede haber conocimiento propio. No puedes conocerte en el espejo del otro, porque lo estás usando para huir de ti mismo y de tu soledad. Entras en una estimulación exteriorizada que no te permite entrar en ti. En otras ocasiones, lo que ocurre es que quieres permanecer en lo conocido y reduces la relación a solo seguridad, hábito o rutina. Entonces, la relación se convierte en una actividad más en la que no se explora el autoconocimiento, cuando podría ser un proceso de revelación propia; es decir, una relación en la que te descubres en el otro y el otro se descubre en ti, en la que no hay juicios ni suposiciones negativas, sino que hay una comunicación abierta y una aceptación plena. La plena aceptación no significa estar de acuerdo. Quizá no estoy de acuerdo, pero aceptar lo que ES me ayuda a acceder a mi potencial positivo y me permite avanzar en la relación con el otro. Para que sea posible es necesario desvelar espejismos y desmitificar el amor.

Cuidarnos unos a otros es esencial para que las relaciones florezcan. Cuando estamos abiertos a recibir y a dar amor, florecemos, brotan nuestras capacidades creativas y se manifiesta nuestro potencial, nos sentimos vivos y nuestra energía fluye. Nuestras relaciones adquieren sentido. Vivir el amor nos permite llegar a la experiencia más plena que un ser humano pueda alcanzar. En esa vivencia nos sentimos unidos, completos y realizados.

«Estamos hechos de incompletitud para encontrar la plenitud más allá de nosotros mismos. Hemos de trascender nuestro yo-ego para reencontrar la unión perdida. A través de la relación y del gozo, podemos conectar con ella. En el silencio de la contemplación emerge ágape, el amor incondicional que nos une al todo más allá de nosotros mismos».[50] Vivimos en busca de esta plenitud amorosa. Vamos por muchos caminos equivocados, porque no nos llevan a lo que buscamos, sino a la decepción y al sufrimiento. Debemos encontrar los caminos que nos lleven a nuestro núcleo sano y al de los otros.

Cuando dos personas se unen como seres completos, o como personas que están trabajándose para lograr ese estado, la relación es más que la suma de las partes. Hay paridad y respeto. En cualquier relación, la base de la armonía es el respeto. Si te respetas a ti mismo, serás capaz de respetar incluso al que te falte al respeto. No necesitarás defenderte, justificarte ni atacar. El respeto hacia ti mismo te facilitará poner límites cuando sea necesario y decir lo que sientes. Cuando te respetas, invitas al otro a respetarte.

Si, por el contrario, en una relación las dos partes están necesitadas y son dependientes, y una intenta satisfacer sus carencias a través de la otra, y viceversa, a la larga la relación no funciona, ya que se genera una insatisfacción y un sufrimiento que parecen interminables. El tomar del otro no satisface realmente la carencia interna, y la insatisfacción sigue ahí. Se crean ataduras y expectativas que resultan en relaciones conflictivas llenas de altibajos. Para liberarnos de la tendencia a depender, debemos tener un corazón fuerte, capaz de renunciar a su egoísmo; un corazón que no tenga nada que esconder y que, por consiguiente, deje la mente libre y sin temor alguno; un corazón que siempre esté dispuesto a aceptar nuevos datos y a cambiar de opinión, que no se aferre a creencias cerradas ni a datos obsoletos.

Aprendamos el arte de amar, de ser libres y de dejar ser. El verdadero amor es un amor incondicional que fluye libremente, es sanador y no hiere. Te das al otro sin querer controlarle. Es un darse en el que hay entrega. Trasciendes tu «yo-ego» sin por eso perderte ni engancharte al otro. Para alcanzar ese estado en una relación son necesarias la madurez y la evolución personal. La mayoría de las personas se aman y se atan. Cuando se pierde la libertad, se aleja la felicidad, y el bienestar da paso al malestar y al sufrimiento. A menudo es un malestar que surge del control, del «tengo razón» y de una dependencia en la que uno ejerce poder sobre el otro, sometiéndole a su influencia. Todo ello surge del yo que opera desde la mente de la separación. Cuando tu mirada es Cosmo-Teo-Ándrica, cosmoteándrica, ves más allá de los horizontes limitados y del yo delimitado, y te vuelves a asentar en tu ser relacional, te liberas de esas dependencias e influencias limitantes.

Conciencia del sistema relacional

La conciencia relacional se aplica a los problemas individuales y a los colectivos. No por llamarla relacional implica solo a las relaciones entre personas. Por ejemplo, cuando sufrimos una depresión, tendemos a centrarnos en la mente individual como lugar de reparación. Otro ejemplo lo podemos encontrar cuando el trabajo de uno es aburrido, o el jefe de un trabajador es agresivo, y nos centramos en intentar solucionar cómo se siente el trabajador, como si el problema solo fuera de él. ¿Por qué debería tratarse solo a la persona por sus sentimientos depresivos, su aburrimiento o su ansiedad? ¿Por qué no cambiar las condiciones de trabajo? Hemos creado una cultura individualista en la que nos centramos solo en la condición psicológica de la persona y, a menudo, no exploramos las circunstancias más amplias en las que se enredan las acciones. El ambiente relacional en el trabajo influye en sus condiciones, por lo que se deben tener en cuenta a las personas involucradas, cómo son las interacciones, el ambiente y las condiciones físicas.

Para desarrollar conciencia relacional, necesitamos darnos cuenta de las presencias visibles e invisibles de los otros y plantear preguntas, escuchar y estar abiertos a lo que otros están compartiendo y haciendo, sus perspectivas, sus experiencias y el bagaje que cargan. Si las personas que trabajan o conviven con una persona que ha decidido implementar una serie de cambios no están al día de sus intenciones, y no viven su proceso de cambio ni entienden sus planes para el presente y el futuro, la cuestionarán, incluso no colaborarán y se resistirán, pudiendo oponerse al cambio. No se les ha dado la oportunidad de prepararse, de comprender o apoyar los cambios que ellos mismos también podrían haber querido; no fueron incluidos en el proceso, carecen de información y se sienten desconectados. Se sienten excluidos y no entienden cómo se han producido determinados cambios. Quizá la persona que decidió cambiar tenía miedo de compartir, o quizá los otros no le dejaron espacio ni tiempo para que compartiera sus intenciones.

Caemos en estas situaciones de desencuentro con los otros cuando no los incluimos ni involucramos en el proceso de cambio, o de lo que sea que tengamos entre manos. Ocurre porque actuamos desde el ser delimitado, el yo separado, y generamos entornos de desconfianza y suspicacias en los que nos aislamos unos de otros creando muros, en vez de puentes. El mindfulness relacional es tener en cuenta que, cuando movemos una pieza del rompecabezas relacional, este movimiento afecta al todo. Es mejor tener la valentía de ser transparentes y comunicar lo que está ocurriendo. En ambientes represivos, las personas se sienten aisladas en una cultura que favorece el miedo, no se comunican ni plantean lo que les pasa. Ello lleva a acumular estrés, ansiedad y angustia, que acaban perjudicando la salud y el bienestar del sistema, de las relaciones y de las personas.

Entiendo la conciencia relacional como ser consciente de todo el sistema relacional. En una familia significa tener en cuenta las voces y perspectivas de cada uno, y no dar las cosas por sentadas ni basar las decisiones en suposiciones. En una organización, significa ser consciente de las múltiples verdades que cocrean la organización, frente a una sola verdad (que suele ser la verdad tal como la entienden los líderes y los mandos intermedios que trabajan en un entorno de mando y control). Se trata de una invitación a compartir conocimientos, a ser consciente de los grupos de interés, los usuarios o clientes, los proveedores, los trabajadores o miembros, así como de los familiares o miembros de la comunidad. También es una invitación a tomar conciencia de dónde la organización tiene un efecto o impacto, en los dueños, en los socios y en todo el personal que trabaja en o con la organización; además del lugar donde está ubicada, el entorno, el medio ambiente y el vecindario.

La conciencia relacional facilita equilibrar el valor del desempeño, del esfuerzo, de los datos y los objetivos con la experiencia, la sabiduría colectiva, organizacional y comunitaria, la integridad, el bienestar colectivo y la espiritualidad. **Juntos, nuestra sabiduría puede multiplicarse a medida que compartimos nuestra diversidad de fuentes de conocimiento y de experiencias y diferencias culturales que nos enriquecen.**

Mahatma Gandhi sugirió que, al tomar una decisión, deberíamos preguntarnos si también beneficiaría a los más pobres: «Recuerde el rostro de la persona más pobre o más débil que haya visto, y pregúntese si el paso que está pensando dar le servirá de algo».[51] Para Gandhi, la piedra de toque de cualquier acción propuesta era ver cómo afectaría a la persona más vulnerable; por tanto, no se trataba de una cuestión ideológica o general, sino relacional, humana y particular. De momento, los ricos son cada vez más ricos y los pobres, cada vez más pobres. Si siguiéramos este consejo de Gandhi, nuestras acciones tendrían un mayor impacto y contribuiríamos a reducir esta diferencia. Por ejemplo, comprar productos de cercanía y de agricultura ecológica significa que compras un producto más nutritivo para ti, que contribuyes al ecosistema y a la soberanía alimentaria, y que no apoyas la explotación agrícola de las grandes cadenas alimentarias que explotan al agricultor, lo empobrecen y, al mismo tiempo, empobrecen la tierra con insecticidas y semillas transgénicas.[52]

La conciencia relacional significa cuidarse unos a otros, implica ser conscientes de que «si tenemos un espacio común con recursos limitados, y cada uno piensa solo en sus propios deseos, los recursos pronto se acabarán. **Cuando nadie se preocupa por el todo, significa el deterioro final del bienestar individual**».[53]

Para cuidar y cuidarnos, necesitamos descubrir cómo estamos y cómo nos sentimos junto al otro, y qué es lo que interfiere en nuestra conexión con él. A veces son nuestros temores e inhibiciones los que hacen que nos mantengamos cerrados. Cuando disipamos estas inhibiciones y temores, se da la resonancia, la sintonía, la armonía, lo que Piaget denomina el *élan*, y Jung, la *corriente*. En la indagación apreciativa lo denominamos florecer juntos, conectados a nuestro núcleo positivo. Para Schellenbaum, es la *energía vital*. Esta se libera en el espacio relacional del yo con el otro y del otro conmigo. Cuando se da, uno siente una fuerza ascendente, un impulso que le lleva hacia delante, hay sintonía y armonía. En esa experiencia, la aflicción desaparece y se vive el gozo.

Según Schellenbaum,[54] estas experiencias de energía vital «no modifican en nada la existencia, a menos que no se troquen en una sensación vital nueva y fundamental, que penetre en todos y cada uno de nuestros pensamientos y acciones». Entonces se da un aprendizaje y conocimiento continuos en la relación. Las relaciones auténticas no permanecen estáticas, cambian y van fluyendo por diferentes paisajes.

> Las relaciones, como las personas, devienen, se actualizan, están en cada momento en el estado presente de sí mismas, que no es el estado pasado ni el estado futuro. Cuando la relación es un devenir, el verdadero compromiso es conmigo mismo. Se trata de encontrar cada uno su propio centro –afirma Sergio Sinay– y descubrir el devenir de cada relación particular entre cada hombre y cada mujer que se encuentran. El primer compromiso que un ser humano puede tomar es desde su libertad de elegir y de hacerse responsable de sus elecciones. Si elijo al otro (o a la otra), viendo lo que el otro (o la otra) va siendo y no lo que yo necesito –y espero o exijo– que sea,

sabré que soy el responsable de mi elección. Cuando el compromiso consiste, en realidad, en hacer al otro responsable de que yo lo haya elegido y de lo que hace o no hace por mí, lo más probable es que me sienta frustrado o traicionado.[55]

A menudo, la palabra «compromiso» se utiliza para intentar fijar una situación, congelar un presente, cosificando el vínculo. Para que esto no ocurra, es bueno centrarse en expresar lo mejor de uno mismo y permanecer abiertos a lo que en el presente se va manifestando.

Cambiemos nuestro discurso y utilicemos el lenguaje de abundancia que nos ayuda a cocrear sentido y a permanecer conectados con la vida.

Cambio de discurso, claridad y palabras que dan vida

Uno de los aspectos fundamentales para construir relaciones *heartful*, generativas y cocreadoras de sentido, es la necesidad de ser conscientes de cómo nos comunicamos, qué decimos y cómo lo decimos, y cómo le afecta al otro, o a los otros, nuestra comunicación. La conciencia relacional se expande a través de una comunicación clara. La claridad se inicia en tu estado mental, en tu serenidad, en mantener una actitud y una voluntad abiertas. Algunos aspectos clave que mejoran la comunicación basada en la conciencia relacional los expongo en el capítulo de prácticas y en los apartados sobre el *feedback* apreciativo y el *feedforward* y el poder de las preguntas.

La práctica del mindfulness relacional nos ayuda a estar alineados con nosotros mismos y con los que están a nuestro alrededor. Se trata de ser conscientes y, por ejemplo, no hablar cuando nuestra habla no aporte nada; la práctica nos ayuda a mantener un silencio amoroso y pleno, a compartir desde la conexión y el amor, desde el respeto, la escucha y la consideración del momento en el que estás tú mismo y está el otro. A veces, necesitamos meditar antes de entrar en el habla. Lo que pensamos nos lleva a decir lo que comunicamos a través de las palabras. Después de meditar, de lograr un espacio de silencio mental, te ahorrarás palabras innecesarias y malentendidos.

La práctica de mindfulness relacional es útil en las reuniones difíciles y también en las conversaciones desafiantes. Veamos un caso: acompañé a un gerente antes de que entablara una conversación con un exsocio de la empresa. Él sabía que la reunión despertaría lo peor de él, ya que estaba enojado y resentido por lo que había hecho su socio. Quería llegar a un acuerdo. Sabía que la única manera era a través del diálogo, no con un lenguaje de confrontación. En nuestros encuentros visualizaba su mejor yo, su ser relacional, su capacidad de mantenerse centrado ante el otro. Y visualizaba lo mejor del otro: se centraba en su ser relacional, en su presencia plena, y en el uso de un lenguaje de abundancia con el fin de lograr un acuerdo que fuera bueno para ambos.

Nos comunicamos con abundancia de quejas, suposiciones, juicios, hablando mal de los otros, criticando, cotilleando, rumoreando, etcétera. Hemos creado una cultura de la carencia, en la cual siempre nos falta algo y nos cuesta agradecer lo que sí tenemos. La necesidad dependiente, *neediness*, forma parte de la cultura de la escasez, de que nunca tenemos suficiente, del consumo y la posesividad. Vivimos en la cultura «del tener», más que «del ser», y aquello que tenemos caduca. Ansiamos tener más y nos hundimos en la angustia que provoca el temor a la pérdida. Cuando tenemos, poseemos; y cuando poseemos, tememos perderlo. Consumimos mucha energía mental, emocional y física deseando tener, aferrándonos a lo que tenemos y temiendo perderlo. Vivimos en el espejismo de la posesión del yo separado, que alimenta la apariencia de estar llenos y nos aporta una seguridad aparente que es, en realidad, inestable e incierta. Esta actitud y estos espejismos afectan a nuestras relaciones. Pretendemos poseer o creemos poseer, cuando en realidad ni siquiera poseemos nuestro propio cuerpo. Habitamos el cuerpo, nos fue dado y volverá a formar parte de la tierra cuando sea su momento.

Hemos transferido la cultura del tener también a nuestras relaciones. Vivimos relaciones insatisfactorias: siempre queremos más, no estamos satisfechos, albergamos muchas expectativas que proyectamos en el otro. Dedicamos mucho tiempo a resolver problemas y a buscar cómo conseguir lo que nos falta. Analizamos lo que no funciona, lo que no va bien, nos quejamos y buscamos culpables. Nuestras conversaciones y nuestro lenguaje a menudo se centran en el déficit, en aquello que no nos gusta, en lo que no funciona y en lo que nos falta. Nuestras conversaciones nos llevan en una espiral hacia abajo cuando la queja, los reproches, el lenguaje de déficit y de carencia inundan nuestras palabras. Cambiemos de discurso.

Por ejemplo, si te pregunto ¿cómo sería un mundo mejor para ti? y me respondes que sería un mundo en el que no hubiese guerras, en el que no hubiese sufrimiento, en el que no hubiese conflictos, en el que no hubiese odio, en el que las personas no muriesen por hambre o sed, todas estas respuestas provienen del lenguaje de carencia, de lo que no quieres que haya. En realidad, yo te pregunto por cómo sería para ti un mundo mejor, y tú me respondes desde el «no», desde lo que no quieres. Responder desde el lenguaje de la abundancia sería, por ejemplo, decir que ese mundo sería uno pacífico y en armonía, en el cual las personas se entendiesen y se escuchasen; un mundo en el que se respetasen las diferencias y se acogiese la diversidad; un mundo donde los recursos de la naturaleza se repartiesen con equidad para que todos pudiesen alimentarse de lo que la tierra nos da. En la conciencia de la abundancia respondes desde lo que hay y lo que quieres que «sí» haya; respondes desde y te centras en lo que quieres ver crecer, en vez de responder desde y centrarte en lo que quieres que disminuya.

Las palabras nos conectan con imágenes, y la mente visualiza esas palabras y no la negación; por ejemplo, si digo que quiero un mundo donde «no haya guerras», ¿qué ves? Guerras. Aunque diga que quiero que no haya guerras, lo que ves son guerras. En cambio, si digo que quiero un mundo «pacífico y en armonía», ¿qué ves? Visualizas lo que para ti es pacífico y armónico. El lenguaje de la abundancia nos lleva a imágenes de lo que queremos y de lo que queremos ver más. El lenguaje de déficit nos lleva a imágenes de lo que no queremos y de lo que queremos ver menos.

El lenguaje de la abundancia es aquel que, en sus narraciones, utiliza palabras centradas en lo que se tiene y lo que se quiere. Implica utilizar palabras inspiradoras y afirmativas, en vez de narrar desde lo que falta y no funciona. Necesitamos un cambio de discurso a todos los niveles: un cambio de cómo te hablas a ti mismo, de lo que te dices y lo que dices a los otros; de cómo relatamos las noticias, lo que ocurre y lo que nos ocurre; de cómo conversamos sobre los problemas y las situaciones. Aquello en lo que nos centramos lo hacemos crecer.

Cuando en una relación nuestras conversaciones se centran más en la carencia, creamos entornos de espiral hacia abajo, cada vez estamos menos inspirados y menos conectados con el otro. Las conversaciones son acerca de lo que no hacemos bien, lo que no nos gusta, lo que nos molesta del otro, etcétera. La relación llega a ser una pesadez o llega a aburrirnos, y entonces buscamos huir de ella con el entretenimiento o las adicciones.

Cuando conversamos sobre lo que queremos y sobre nuestros sueños y anhelos, pasamos del discurso basado en el déficit a un discurso basado en las fortalezas. Así no evitamos el problema, sino que nos centramos en lo que queremos ver crecer y, al hacerlo, la situación cambia y abordamos el problema desde otra perspectiva más saludable y fortalecedora. Lograrlo no es fácil porque cargamos con un bagaje y unas costumbres que nos han llevado durante mucho tiempo a centrarnos en lo deficitario desde el espejismo del yo separado, que ya he tratado en el apartado «Yo separado/yo delimitado». Nos anclamos en lo que no nos gusta y nos resulta difícil cambiar de conversación.

Me encuentro a menudo con que, al preguntar ¿qué quieres?, la persona empieza a responderme y, al poco, vuelve a las dificultades y a lo que no funciona. Por ejemplo, son respuestas como esta: «Me gustaría estar más centrada, pero es que *no* puedo por …, *no* me dejan…, *no… no…*. Debemos estar alerta y atentos a nuestro bagaje para cambiar nuestra manera de hablar y nuestro lenguaje y, así, lograr que no nos domine. Estemos alerta y démonos cuenta de cómo operamos para lograr salir de las delimitaciones del yo separado. El cambio de discurso requiere un cambio de lenguaje y un cambio de mirada. (Trato el tema del cambio de mirada en el próximo apartado).

Necesitamos reformular el planteamiento para que, por ejemplo, en nuestro lenguaje podamos decir: «Soy consciente de que hay dificultades. Ahora, las dejo a un lado por un momento. Me permito imaginar desde mi ser relacional y mi presencia plena cómo sería mi vida si alcanzara mi ideal, o cómo sería mi vida si viviera siempre en plena presencia, cómo sería si esa situación se hubiera aclarado y solucionado ¿Qué estaría pasando? ¿Cómo me sentiría? ¿Qué lograría? ¿Quiénes me acompañarían y estarían presentes? ¿A quién estaría yo acompañando?».

- A través de nuestras conversaciones creamos nuestro presente y nuestro futuro. ¿Sobre qué hablamos?
- ¿Cuán inspiradoras son nuestras conversaciones?
- ¿Qué palabras usaremos que nos permitan crear e imaginar mejores presentes y futuros?
- ¿Hasta qué punto nuestra percepción está viciada por las conversaciones que mantenemos?
- ¿Qué podemos agradecer?

Muchas veces dedicamos tanto tiempo a resolver problemas que perdemos el rumbo de lo que realmente nos importa. Usamos un lenguaje de resolución de problemas, enfocándonos en lo que no funciona, en lo que necesita arreglarse. Es un lenguaje de déficit que enfatiza las carencias. Nuestra conciencia, nuestras conversaciones y nuestros esfuerzos se centran en solucionar lo que no va bien, en lugar de cocrear lo que es mejor para el bien común en el presente y para el futuro.

> La mayoría de las intervenciones de los consultores cuyo objetivo es promover cambios en una organización –o ayudar a una persona a cambiar su situación actual– tienen enfoques que comienzan hablando del problema que se necesita resolver; analizan lo que no funcionó y, muchas veces, buscan al culpable o responsable de la situación.

Se centran en lo peor de lo que es, examinando lo que anda mal en la organización. La creencia asumida es que, si se resuelven los problemas, el futuro deseado llegará automáticamente. No crean una imagen convincente que arrojará luz sobre las acciones que deben diseñarse para lograrlo. Más bien, trabajan sobre la base de lo que ya se sabe, de mantener el *statu quo* y ser conservadores. David Cooperrider, el creador de la indagación apreciativa, afirma que: «Hemos llegado al "final de la resolución de problemas" como un modo de investigación capaz de inspirar, movilizar y sostener el cambio del sistema humano, y el futuro del desarrollo organizacional pertenece a los métodos que afirman, obligan y aceleran el aprendizaje anticipado que involucra niveles cada vez mayores de colectividad». [56]

Un enfoque y una metodología práctica para potenciar **la comunicación apreciativa y generativa** en un grupo, equipo, familia, comunidad, desde el lenguaje de la abundancia es la indagación apreciativa. La indagación apreciativa nos lleva a diferentes dimensiones, pasando de la indagación diagnóstica a la dialógica. Ponemos el diálogo cara a cara y las relaciones en el centro. Una manera de hacerlo es, en lugar de un enfoque FODA-DAFO (Fortalezas, Debilidades, Oportunidades y Amenazas), utiliza SOAR,[57] o FOAR en sus siglas en español (Fortalezas, Oportunidades, Aspiraciones y Resultados). Este enfoque se centra en preguntar cuándo las personas y la organización han estado en su mejor momento y qué fue lo que le dio vida al sistema, llevándonos a la búsqueda de fuentes de imaginación, creatividad y energía.

Con este enfoque traemos a nuestra conciencia las fortalezas, las aspiraciones, las oportunidades y los resultados que nuestro sistema relacional quiere y nos centramos en ellos. Generamos conversaciones partiendo de preguntas que nos lleven a escuchar todas las voces. Abrimos espacios de comunicación fluida y transformadora. Para ello, es importante plantearnos preguntas generativas.

Planteamos preguntas para hacer emerger las fortalezas, como, por ejemplo:

- ¿Cuáles son nuestros mayores activos?
- ¿Qué estamos haciendo bien?
- ¿En qué somos buenos?
- ¿Qué nos gusta hacer?
- ¿Cuáles son nuestros puntos fuertes relacionados con nuestros proyectos?
- ¿Cuáles son nuestras buenas prácticas que nos ayudan a avanzar?

Cuando queramos poner el foco en las oportunidades, podemos preguntar:

- ¿Qué podemos mejorar e incluso innovar?
- ¿Qué habilidades necesitamos potenciar?
- ¿Qué posibilidades se nos abren que nos emocionan, que nos interpelan?
- ¿Qué oportunidades vemos en la situación actual?
- ¿Qué potencial tenemos para movilizarnos hacia lo que queremos en nuestra manera de comunicarnos y relacionarnos?
- ¿Cómo podemos desplegar nuestro potencial?
- ¿Qué hace que las relaciones humanas florezcan?

En cuanto a las aspiraciones, podemos preguntar:

- ¿Cuáles son las cosas que nos importan?
- ¿Qué otras habilidades necesitamos?
- ¿Cuál es nuestro futuro preferido?
- ¿A qué ideal aspiramos?
- ¿Qué aspiramos a crear?

Y, finalmente, si queremos saber cuáles son los resultados esperados y anhelados, podemos preguntar:

- ¿Cómo sabemos si estamos teniendo éxito?
- ¿Cómo lo sabemos cuando lo vemos?
- ¿Qué mediremos?
- ¿Cómo mediremos el éxito?
- ¿Con qué acciones o metas estamos dispuestos a comprometernos?
- ¿Qué resultados indicarán nuestro progreso?

Puedes ver más acerca de las preguntas en el apartado «El poder de las preguntas», página 142.

Veamos un ejemplo del impacto del cambio de lenguaje en un equipo directivo y todo el personal docente.

Cambio de lenguaje del claustro, personal docente, de una escuela de música

La toma de conciencia del poder que tiene el uso del lenguaje de la abundancia para mejorar las relaciones fue muy útil en una situación de gran conflicto y comunicación agresiva y violenta entre el personal docente de una institución educativa, el Conservatorio Municipal de Música de una ciudad en España. La situación de partida: el personal docente (una treintena de personas) estaba en conflicto entre sí; en las reuniones no lograban llegar a un acuerdo y en los claustros se generaba una gran tensión y violencia. Con el lenguaje se atacaba, culpabilizaba y todos se ponían a la defensiva. Esto creaba un mal ambiente de trabajo, en el que los profesores estaban desconectados entre sí y, sobre todo, no estaban abiertos a escucharse ni a dar ni recibir *feedback*.

Trabajé con ellos para que conectasen con sus fortalezas y aspiraciones usando un lenguaje de la abundancia y una comunicación no violenta en una cumbre de una semana. Durante cinco días trabajamos para desarrollar una mirada de aprecio por el otro y una conciencia relacional, todo ello a través del diálogo, el mindfulness relacional y unas preguntas poderosas cuidadosamente redactadas que generasen amabilidad y respeto en sus conversaciones. Al inicio había tensión en el ambiente. Las entrevistas apreciativas ayudaron a relajar y crear una mínima confianza donde compartir. Examinamos las experiencias cumbre personales y colectivas, las que les movilizaron positivamente y las que lo hicieron negativamente. A estas últimas solo las nombramos, para reconocer que estaban ahí, en su historia. Luego nos centramos en lo que querían ver crecer en el presente y en los próximos años.

Como resultado, diseñaron unos acuerdos, en forma de decálogo, con diez pautas generativas que todos se comprometieron a seguir. Se generó esperanza y compromiso para apoyar y aportar al cambio colectivo deseado. Aprendieron a conversar desde la necesidad y desde uno mismo, y no desde la culpabilización del otro ni estando a la defensiva. Reproduzco aquí el decálogo con la intención de que sirva de inspiración y con la idea de mostrar a lo que se puede llegar cuando el proceso es apreciativo, aunque se parta de un lugar de conflicto.

1. Implicación y compartir
Compartimos entre todos.
Trabajamos en conjunto los diferentes departamentos.
Implicamos a todos los trabajadores del centro.

2. Soberanía del claustro
El claustro es soberano.
Los claustros son pedagógicos y educativos.
Los acuerdos se adoptan por mayoría.
Respetamos lo que se acuerde en común, aunque no nos guste.
Se acepta la figura del facilitador, y que vaya rotando.
Se incluye en todos los claustros ruegos y preguntas.

3. Competencias de la dirección
Tanto la dirección como los demás conocemos las competencias de la dirección según el reglamento vigente.
La dirección se ciñe a cumplir lo estrictamente de su competencia

4. Nuestras actitudes
Nos apoyamos y apoyaremos.
Nos tratamos y trataremos con amabilidad y respeto.
Actitud colaborativa entre todos.
Saludarnos.
Buscar soluciones.
Actuar de buena fe.

5. Actividades

Más participación activa por parte del claustro en las actividades del centro.

Proponemos actividades abiertas en las que se participa sin elegir ni excluir a nadie.

6. Compromiso

Nuestro compromiso es real.

Hacemos un esfuerzo para empezar de cero.

En los claustros hablaremos de temas pedagógicos y no personales.

7. Comunicación

Comunicación en positivo con todos.

Promover diálogo y debates.

Transparencia en la información para todos.

Comunicarnos más.

Información de las actividades por realizar, para poder acondicionar los espacios que se vayan a utilizar.

8. Pasar del «mal decirnos» al «bien decirnos»

Valorar y continuar con lo bueno que ya existe.

9. Pasar de la culpa a la responsabilidad

10. Sentirnos un colectivo unido frente a los alumnos, y no aceptar que se critique a otro profesor.

Convertir estos acuerdos en un decálogo de normas de convivencia.

Pedimos a la futura dirección que tome como punto de partida las ideas y compromisos surgidos esta semana y que aparecen reflejados en este decálogo.

Ampliar la mirada y cuestionar las suposiciones

No lograr lo que deseas, a veces, significa un golpe de suerte maravilloso.

DALÁI LAMA

Nuestra mirada está teñida por las suposiciones que poseemos y que a menudo creemos que son ciertas. Tener en cuenta al otro implica también ser consciente de las suposiciones que creas y crees sobre él y cuestionarlas, cambiarlas o usarlas correctamente. ¡Tantas veces damos por supuestas las cosas! Si validáramos lo que pensamos, es cierto, nos daríamos cuenta de que no es así, al menos no del todo; pueden existir matices que no hemos tenido en cuenta. Para cerciorarse, es necesario preguntar y, de este modo, validar, o no, nuestra suposición.

Veamos un ejemplo en el que contrastaremos la pregunta «¿Qué hicimos mal y quién es el responsable?» con «¿Qué podemos aprender de lo que sucedió y qué posibilidades le vemos?». «La primera pregunta supone error y culpa, y el grupo a quien se dirija empezará a buscar a algún culpable o, si es una persona quien tiene que responderla, sin duda se pondrá a la defensiva. La segunda pregunta invita a la reflexión y estimula el aprendizaje y la colaboración entre los implicados».[58]

Cuando nuestra mente está llena de suposiciones, certidumbres, opiniones y juicios fijos, no estamos plenamente presentes. No podemos ver con claridad y amplitud lo que está frente a nosotros, lo visible y lo invisible, ya que estamos condicionados por nuestros propios juicios y suposiciones. Vemos a través de nuestras gafas de suposiciones y proyecciones. No vemos lo que ES, sino que vemos lo que proyecta nuestra mente y nuestra imaginación, o bien vemos lo que fue y no lo que es ahora. Thich Nhat Hanh aconseja: «Deja las suposiciones a un lado y evitarás mucho sufrimiento innecesario».

En muchas ocasiones, la mirada es la semilla del problema y el conflicto entre personas. Cómo me veo a mí mismo en una determinada situación, cómo veo al otro en una determinada situación y cómo veo la situación están en la raíz de cómo lo vivimos, como un problema o como una oportunidad.

Según me vea a mí misma, así me relacionaré con el otro y con esa determinada situación. ¿Cómo me veo a mí misma respecto a la situación y al otro? ¿Me veo en situación de poder, de indefensión o de que tengo la razón?

¿Cómo veo la situación, como una amenaza, como una carga, como algo que supone un muro entre yo y el otro? ¿Como una posibilidad de puente hacia el otro?

¿Cómo veo al otro, como un mentiroso, un inútil, un ladrón, una amenaza, una persona poderosa, una persona hábil, etcétera?

Definitivamente, la mirada influye para que una situación se convierta en un problema y, a partir de ahí, se desarrolle un conflicto o, al contrario, sea una oportunidad y una posibilidad de encuentro y cocreación. La situación entre nosotros la hemos creado relacionalmente, según como nos hemos visto, como nos vemos y como nos reconocemos, o bien como no nos vemos y como no nos reconocemos.

Llegamos a situaciones que parecen insuperables, y digo «parecen» porque en muchas ocasiones todo depende de la mirada. Cuando conversamos y cuando vivimos como vemos la realidad, lo hacemos desde nuestra historia personal y desde nuestras proyecciones. La persona habla de una situación y la relata desde su constructo social, desde sus creencias, sus proyecciones y su historia.

Se trata de darse cuenta del bagaje que uno carga. Uno determina que algo es así porque su mirada está influida por el hecho de ver al otro como una amenaza, entonces ve la situación a partir de esa mirada. Hay muchas perspectivas. Es importante saber ver y atravesar la complejidad de las miradas. Todo lo que ocurre entre nosotros es un constructo social; lo hemos construido socialmente por medio de las conversaciones y el lenguaje. Si digo «esto es así», esta es mi perspectiva, no es que sea así. Si el otro dice «esto es asá», no es que sea asá, es su perspectiva. Es decir, que muchas veces lo que vemos y cómo lo vemos viene influido por una mirada en la que proyectamos nuestras propias historias. La persona habla desde su propia proyección hacia la situación. Es necesario escuchar las diferentes perspectivas y lograr escucharse para cuestionar cómo nos estamos mirando y cómo nos estamos viendo; escuchar la perspectiva del otro y ponerse en los ojos del otro, en su historia, para intentar comprender de dónde parte su mirada.

Si veo que la otra persona es mala y me quiere dañar, esa mirada influye en cómo construyo la realidad que veo y cómo vivo al otro y la situación con el otro.

Quizá no es que sea mala, sino que no ha cumplido con lo que yo esperaba. Con esto tocamos otro aspecto fundamental de la mirada, que es hacernos conscientes de cómo las frustraciones, las expectativas no cumplidas, los sueños rotos nos influyen hasta ver la situación como un fracaso, un desastre, como que el otro no ha cumplido con lo que tenía que cumplir. Cuando esto ocurre, es necesario hacer un trabajo de reparación, en el que poder recuperar el sueño, el ideal, el anhelo y el darte cuenta: ha sucedido que ese anhelo, esa imagen, que yo sostenía de lo que tenía que ser no ha sido, no se ha cumplido. Puedo entonces separar mi anhelo, mi sueño, de la persona y de la situación. Ese anhelo que me daba vida, esperanza e ilusión puedo recuperarlo dándome cuenta de que, quizá, con esa persona, o personas, en ese momento y en esa situación, no se puede cumplir, pero puedo reformular el sueño y no sentirme rota por dentro, para volver a creer en mis sueños e ideales.

La frustración es un sueño roto, es una expectativa que no se ha cumplido, es un anhelo frustrado. Cuando esa imagen del sueño, del anhelo, cae, hay rabia y dolor. Desde esa rabia y dolor que proyecto en el otro es muy difícil reparar la relación. Con la rabia de que algo no es como yo quería que fuera, que no es como yo quiero que sea, creo enfrentamiento, me separo del otro, genero rechazo. Se ha desmoronado mi expectativa, estoy frustrada, y quiero hacérselo pagar porque no ha cumplido con lo que yo pensaba que tenía que cumplir y con lo que yo entendí que habíamos acordado.

En situaciones así debemos trabajar a dos niveles. Por un lado, se trata de recuperar el sueño, el anhelo, es decir, aquello que constituye lo que la persona quiere ver crecer en su vida. Redefinir su anhelo y la expectativa. No esperar tanto del otro. Por otro lado, es cuestión de trabajar esa frustración, odio y malestar. Separar las emociones negativas de mi sueño original, que reformulo, y así se da un cambio de mirada. Me doy cuenta de que quizá debo perdonar al otro, o a mí misma, por haber exigido tanto; quizá debo aceptar y llegar a un acuerdo en el cual tal vez decidimos que no es posible el acuerdo y, al final, ese es el acuerdo; quizá mi ideal y sueño los voy a cumplir de otra manera, en otro entorno, con otras personas, en otra situación. De esta forma, mi mirada se centra en lo que quiero ver crecer, en vez de en la decepción, la frustración, el rechazo, el rencor y el odio hacia el otro. (Mira el apartado «La acción compasiva y canalizar la rabia» en la página 215).

Modifiquemos nuestra mirada para que sea más limpia y más

renovadora. Sufrimos porque nos mantenemos anclados en perspectivas, miradas y hábitos que nos negamos a modificar.

> Solo sufrimos porque pensamos que las cosas deberían ser de otra manera. En cuanto abandonamos esta pretensión, dejamos de sufrir. En cuanto dejamos de imponer nuestros esquemas a la realidad, la realidad deja de presentarse adversa o propensa y comienza a manifestarse tal cual es, sin ese patrón valorativo que nos impide acceder a ella. El camino de la meditación es por ello el del desapego, el de la ruptura de los esquemas mentales o prejuicios: es un irse desnudando hasta que se termina por comprobar que se está mucho mejor desnudo.[59]

Junto a la práctica de la meditación, que nos facilita soltar miradas anquilosadas y obsoletas, la indagación apreciativa nos enseña a ver de nuevo, desde otro enfoque. Te invita a descubrir lo bueno en el otro, a ver desde dónde construyes tu perspectiva y sobre qué sostienes tu creencia o suposición de que «esto es así». Cuando profundizas, te das cuenta de dónde está enraizada la frustración que te lleva a mirar y hablar desde ella; te das cuenta, al indagar, de que es una expectativa no cumplida, es un sueño roto.

La meditación nos invita a ver y a vernos de nuevo. Debo aprender a mirarme de nuevo. Quizá mantuve una expectativa muy elevada proyectada en el otro que no era capaz de cumplir; quizá lo que vi en él o ella era la proyección de mi deseo, y no lo que él o ella es capaz de hacer o no quiere hacer. Puede haber diferentes razones que sustenten mi expectativa. Tengo que verme a mí misma, en vez de estar tan centrada en atacar al otro y la situación, que no han sido como yo esperaba.

Regresar a ti y a mirarte a ti mismo: ¿cuál es tu sueño, tu anhelo más profundo, sin proyectarlo en otras personas? Es decir, si tu anhelo es, pongo por caso, vivir relaciones más armoniosas y amorosas, sé consciente de eso y no lo proyectes en una nueva expectativa, por ejemplo, que una determinada persona sea más amorosa, ya que en esa proyección solo ves a esa persona, y eso te ciega a ver la humanidad. El árbol te impide ver el bosque; es decir, te centras tanto en el detalle que no ves la situación en su conjunto. ¿Qué es lo que te gustaría ver crecer en tu vida? ¿Quiénes te ayudan a acceder a lo mejor de ti?

Otra cuestión relacionada con la mirada se halla en... ¿cómo miro el poder y cómo me miro a mí misma desde el poder? A veces, nos aferramos al poder, a los privilegios, a nuestra posición. Aferrarse al poder nos da una sensación de autoestima y de «ser alguien» y, al mismo tiempo, genera mucha tensión y estrés. En el fondo, es una cuestión de identidad. El cómo nos vemos a nosotros mismos influye en cómo nos relacionamos y en cómo vivimos las situaciones. Si pierdo lo que me da poder de ser quién soy, siento que mi identidad se ve amenazada. Entonces, mi mirada se aferra al poder y no lo quiero soltar, porque soltarlo sería como dejar de ser yo. Por ejemplo, si lo que te da identidad son tus hijos, tu casa, tu posición laboral, tus resultados profesionales, tu rol en la vida, fíjate en que todo ello es impermanente. Los hijos se marcharán de casa, quizá alguno muera (de hecho, todos moriremos); tu casa quizá se inunde o tengas que dejarla; tu posición laboral no será eterna; tus resultados son variables, etcétera. El aferramiento a aquello que es impermanente es fuente constante de estrés, ansiedad y sufrimiento. Esta es una de las lecciones fundamentales y básicas que nos aporta el budismo: la impermanencia es ley de vida.

No sabemos cómo evolucionará el futuro, y nos aferramos a lo que tenemos. Esto está en el origen de los problemas relacionales: aferrarnos a lo que tenemos y no quererlo soltar. La vida fluye, es cambio; lo que hoy tengo quizá mañana no lo tendré. Ese aferramiento surge por el miedo a lo que pueda ocurrir. En la raíz de nuestra mirada del conflicto relacional está el miedo a perder algo o a alguien. Miedo a la incertidumbre de lo que vendrá, porque no sabemos qué vendrá. Desde el miedo es difícil llegar a una conversación fructífera en la que podamos alcanzar acuerdos.

Necesitamos confianza radical. Educar en la confianza. La humanidad ha seguido adelante y ha superado infinitas crisis, pandemias, hambrunas, etcétera, desde la antigüedad. Nuestra capacidad creativa y de reinvención es enorme. La confianza en la vida nos ayuda a vivir en la incertidumbre. ¡Cuán importante es crear un entorno de confianza! Confía en ti mismo, en tu presente, en tus fortalezas y capacidades y, desde ahí, podrás confiar en el otro, en cualquier situación y en la vida.

Ampliemos nuestras miradas, llenémoslas de aprecio, reconocimiento y amor, y nuestra vida y nuestras relaciones serán plenas. Incluso en momentos de trauma, tragedia o dificultades, podemos descubrir que sigue existiendo algo que nos da vida, posibilidad y esperanza. Apreciar cuando todo va bien es fácil. Ahora bien, podemos asimismo apreciar en la dificultad si aprendemos a centrarnos en lo que nos da vida. La presencia de ciertas personas en tu vida puede hacerte olvidar el dolor. Cuando un buen amigo o una buena amiga te mira a los ojos y te transporta a un espacio de ternura y de aceptación, en un instante se disuelven tus temores. En ese momento dejas de culpabilizarte y de buscar culpables. Ha actuado la energía de la consciencia amorosa a través de la mirada.

Ha actuado el amor profundo que acepta y no juzga, es decir, la compasión está presente.

Para ampliar la mirada, cuestionar suposiciones y abrir canales de comunicación, es importante aprender a plantear preguntas apreciativas, no preguntas que ponen al otro a la defensiva. Preguntar, aclarar y expresar lo que queremos, así como escuchar a los otros, nos ayuda a ser conscientes de que hay otras miradas posibles que nos llevan a romper los esquemas mentales anquilosados y, suavemente, con gracia, con aprecio, transitamos hacia el espacio del núcleo positivo: el centro vital de nuestra persona, el que nos hace vibrar con entusiasmo y alegría de vivir y nos abre a nuestro pleno potencial desde el cual cocreamos sentido y restauramos la confianza radical. Veamos a continuación más sobre el poder de las preguntas.

El poder de las preguntas

Las preguntas son clave para crear conciencia relacional. Las preguntas que nos planteamos nos han llevado hasta donde estamos cada uno de nosotros. Me pongo de ejemplo: ¿qué me preguntaba de pequeña y en la adolescencia? Me preguntaba si Dios existía, si le conocería; me preguntaba por el sentido de la vida; por si era posible transmutar las pasiones y energías corporales sexuales en espirituales, o si era lo mismo. ¿Podemos transmutar, trascender, nuestras energías emocionales, mentales y físicas para que no nos aprisionen y nos lleven a adicciones nocivas? Esas preguntas me llevaron a un libro –o el libro me llevó a las preguntas– sobre las prácticas de las sacerdotisas en el antiguo Egipto para dominar a los leones. Me interrogaba por las diferencias entre los caminos y tradiciones espirituales. Esto me llevó a comprometerme y experimentar en muchos y diferentes grupos. La curiosidad, el querer saber y comprender me llevaron a abordar numerosas propuestas en la década de los 1970; sentía anhelo de comunidad y me preguntaba acerca de las posibilidades de la convivencia armoniosa.

Soy consciente de que una pregunta no planteada es una puerta no abierta.

Ramana Maharshi nos invita a plantearnos la pregunta: «¿Quién es el yo que piensa?». Propone indagar en «¿quién soy yo?», tratando de buscar de dónde surge el ego o el «pensamiento-yo». Buscar la fuente del yo es la manera de deshacerse de todos los pensamientos. En la meditación nos disponemos a abrirnos en una búsqueda del yo que subyace en el fondo, libre de pensamientos. Con cada pensamiento que surge, mantenemos viva la pregunta «¿A quién le ha surgido este pensamiento?». Si surge la respuesta «A mí se me ha ocurrido este pensamiento», continúa la indagación preguntando: «¿Quién es el "yo" y cuál es su origen?». Es una indagación que se realiza desde el silencio alcanzado con la percepción que ha acallado la mente. No es una indagación intelectual ni mental. No es un diálogo con uno mismo sobre el yo. Es una indagación silenciosa. Es una meditación en la que entramos en un silencio que nos abre a la profundidad, con el objetivo de llegar al fondo que se mantiene libre de pensamientos –en palabras de Ramana–, a esa extensión libre de pensamientos que es el Ser. Traté con mayor amplitud este tema de la pregunta «¿Quién es el yo que piensa?» y la propuesta de Ramana Maharshi en el libro de *Meditación contemplativa* (capítulo 19).

El arte de plantearnos preguntas tiene implicaciones importantes no solo para cambiar nuestras suposiciones, sino también en la creación de nuevas posibilidades para la acción relacional constructiva y colaborativa. Al plantear una pregunta generativa adecuada, podemos ampliar y expandir la conciencia de nuestra red relacional. Por pregunta generativa entiendo que es la que genera un espacio innovador, nos lleva a un espacio sanador y nos abre a una conversación necesaria y con sentido. En otras palabras, la pregunta generativa nos saca del sufrimiento, de la oscuridad de la ignorancia y nos lleva hacia la sabiduría y la plenitud. ¿Recuerdas alguna conversación que fue transformadora para ti, que te dio nuevas perspectivas, te hizo darte cuenta de algo, te animo a dar pasos hacia una nueva forma de ser, estar o hacer? Esa sería una conversación generativa. Te mueve, te hace avanzar, te abre horizontes, te energetiza.

Mindfulness relacional es ser plenamente consciente de... ¿qué quiero que haga una pregunta?, ¿qué ola u oleada iniciará la pregunta?, ¿cuál será su impacto?, ¿cómo está construida?, ¿qué suposiciones incluye?, ¿cuál es su alcance?, ¿qué lenguaje utiliza?, ¿a qué invita la pregunta?, ¿qué tipo de cambio fomenta? Las preguntas pueden generar ideas creativas que fomenten el cambio necesario.

Gervase Bushe[60] establece cuatro cualidades de las preguntas generativas:

1. Son sorprendentes.
2. Tocan el corazón y el espíritu de las personas.
3. Hablar y escuchar estas historias y respuestas construirá relaciones.
4. Las preguntas nos obligan a ver la realidad un poco diferente, ya sea por cómo nos piden que pensemos o por a quién estamos escuchando.

La pregunta apreciativa no reitera el problema, sino que lo trasciende.[61] Es una pregunta que fomenta la conciencia relacional, ya que…

- Genera curiosidad.
- Estimula la conversación reflexiva.
- Trae suposiciones subyacentes a la superficie.
- Invita a la creatividad.
- Nos hace conscientes de nuevas posibilidades.
- Abre la puerta al cambio.
- Genera energía, vitalidad y progreso.
- Canaliza la atención y el enfoque del tema elegido.
- Centra la intención.
- Toca la profundidad, el porqué y el para qué de lo que haces y de quién eres.
- Se conecta al sentido y al significado.
- Fortalece nuestra conexión y relación.
- Nos lleva al futuro.
- Evoca más preguntas.

Podemos preguntarnos, por ejemplo:

- ¿Qué podemos hacer que nos ayude a cambiar esta situación?
- ¿Qué posibilidades tenemos que aún no hemos explorado?
- ¿Qué pequeño cambio puede generar el mayor impacto?
- ¿Qué solución nos beneficiaría a todos?
- ¿Qué mueve y armoniza las relaciones humanas?
- ¿Qué debemos hacer para brindar más oportunidades que inspiren a implicarse en nuestro servicio comunitario?

La forma de percibir y entender una situación puede cambiar de manera inesperada y puede ser abordada desde un nuevo ángulo gracias a las preguntas que nos planteemos; puede mejorar nuestros vínculos afectivos y relaciones laborales. Son preguntas que nos llevan a una reflexión constructiva, que surgen desde una perspectiva apreciativa y estimulan el diálogo apreciativo.

Cuando participemos en una conversación en la que haya sentimientos de malestar, de dolor o de enojo, elijamos con cuidado las preguntas que plantearemos en ese momento. Podríamos apoyarnos en la posibilidad de hablar de aspiraciones y de crear una imagen de lo que quieren los involucrados en la conversación. Por ejemplo, en lugar de preguntar qué es lo que no les gusta, podemos preguntar lo siguiente:

- ¿Qué creen que se necesita?
- ¿Qué es lo que más quieren?
- ¿Qué imagen tienen de cómo debería ser su entorno?
- ¿Qué visualizarían como su futuro ideal?

Este tipo de preguntas poseen un mayor potencial generativo, ya que llevan a las personas a buscar lo que las atrae y a despegarse de lo que las frustra y enfada.

La indagación apreciativa se basa en formular preguntas que faciliten la motivación, la cooperación y la cocreación de una mejor realidad para todas las partes involucradas. Con la práctica del mindfulness relacional, nuestros interrogantes surgen de ser conscientes del trabajo y del efecto que, al plantearlos, harán sobre mí, sobre el otro y sobre la conversación que engendrarán.

Hay otro tipo de preguntas que surgen del yo separado y de los hábitos de usar el lenguaje de la carencia. Son preguntas que nos anclan en la negatividad, reiteran los problemas y nos separan, llegando incluso a generar polarización, por ejemplo:

- ¿Cuál es el mayor problema aquí?
- ¿Por qué nunca me escuchas?
- ¿Por qué te equivocas tan a menudo?
- ¿Por qué todavía tenemos estos problemas?
- ¿Cómo podría la junta equivocarse menos?
- ¿Qué estamos haciendo todavía mal?
- ¿Por qué te comunicas de esta manera conmigo (o con nosotros)?

Se trata de preguntas que nos llevan a centrarnos en lo que está fallando y, sobre todo, en buscar culpables. Generan culpabilidad, juicio, enfrentamiento y actitudes defensivas. Aunque tienen como objetivo encontrar una solución, crean el efecto de pensar y compartir más sobre el problema. Allí donde centremos nuestra atención, eso crecerá.

Hay preguntas que nos llevan a quedarnos estancados en el pasado, creando actitudes de culpa y defensivas; hay las que nos llevan a vivir y aprender en el presente, y generar transformación, y hay las que son un impulso hacia delante, las que nos desencallan y despliegan nuestras alas para salir del capullo y volar.

Hay preguntas que son incentivos para transformar. Por ejemplo:

- ¿De qué me sirve estar atrapado por el estrés, los sentimientos amargos, en un vacío y sin logros? Es decir, ¿cuál es el sentido de mantenerme atrapado?, ¿qué temo perder y qué ocurrirá si sigo así?, ¿qué me ayudará a salir de este círculo de estrés?
- ¿Qué me da vida y cómo puedo nutrirme de ello?

- ¿Cómo puedo seguir adelante?
- ¿Para qué voy a seguir con estas experiencias recurrentes?
- Si mi vida no va como yo quiero, ¿dónde encuentro la valentía para cambiar?, ¿a quién o a quiénes puedo pedirles que me echen una mano?
- ¿Qué prácticas debo incluir en mi vida para vivirla como quiero?

Estas preguntas nos invitan a revisar nuestra programación interna y las percepciones, creencias y recuerdos que bloquean nuestro progreso. Amplían nuestra conciencia de cómo vivimos las relaciones.

En un entorno en el que nos centramos en lo que no funciona, lo que falta y lo que se ha hecho mal, fomentamos actitudes de culpa y defensividad que nos separan, creando silos y malentendidos. En este entorno se encontrará poca energía para crear acciones inspiradoras en el futuro. Cualquiera que sea el cambio que surja de ello, se iniciará a partir de una motivación de actitud defensiva y miedo para evitar más juicios, en lugar de hacerlo a partir de un deseo amoroso de proporcionar una acción inspiradora. Incluso si el desempeño ha sido pobre y la meta en gran medida incumplida, si nos centramos en la meta deseada y en descubrir, incluso en las raras ocasiones en que se han producido las acciones con impacto positivo, estas conversaciones proporcionarán información valiosa sobre lo que podemos hacer para avanzar hacia nuestras metas. Algunas preguntas que podrían ayudarnos a lograr este movimiento son:

- ¿Cuáles son las cualidades de tu equipo –de tu comunidad, de tu familia…– que más estimulan la motivación y el compromiso?
- ¿Qué podría ayudar a las personas a involucrarse en el panorama general de nuestra organización?

• ¿Cuándo sería útil reconocer que honrar muchas voces individuales ha ayudado a desarrollar una imagen sólida del futuro?

Cuando el ritmo del cambio organizacional se acelera, puede parecer
contraproducente tomarse un tiempo para revisar el progreso.

• ¿Qué haría que tal tiempo de espera fuera valioso para las muchas
personas y niveles involucrados?
• ¿Rastreamos lo suficiente los pequeños pasos?
• ¿Existen ejemplos de organizaciones que sean buenas para rastrear
los pequeños pasos que la gente da y que contribuyen a un cambio
a gran escala?[62]

En este caso, el objetivo es crear conexión y construir puentes entre
los trabajadores, equipos y líderes de una organización o comunidad.

Hay preguntas que nos invitan a escucharnos más en profundidad y a tomar conciencia del campo relacional en el que estamos
inmersos. Por ejemplo:

• ¿Qué te nutre?
• ¿Cuáles son tus fuentes de energía?
• ¿En qué parte de tu vida sientes que se puede abrir una posi-
bilidad?
• ¿Qué hay en ti que quiere nacer?
• ¿Dónde y en qué has de prestar atención para florecer?
• ¿Cuál es tu llamada interior?

Sentarse en presencia plena –en silencio y completamente presente–
invita a interiorizar estas preguntas y a que las respuestas provengan

de un espacio interior más profundo. Silenciando el parloteo de la mente, permitimos que surja la claridad. Es una claridad que no se manifestará como una idea del intelecto, sino desde lo más profundo de nuestro ser, del ser relacional interconectado.

En silencio, meditando y relajando la mente, los circuitos de nuestro cerebro se calman y descansamos en nuestra capacidad de inventar y reinventarnos. En ese espacio aumentamos nuestra capacidad creativa y aparece la pregunta correcta que nos permite encontrar la respuesta que necesitamos.[63]

Veamos a continuación algunos ejemplos de equipos directivos que cambian su manera de interactuar gracias a plantearse preguntas diferentes, más apreciativas y generativas.

Un equipo ejecutivo cambia las preguntas que se plantean en sus reuniones

En una organización internacional que brinda servicios de salud, el equipo directivo ejecutivo, formado por ocho personas, estaba desconectado entre sí. A pesar de que el director general convocaba una reunión semanal para tratar de solucionar la situación y generar vínculo y espíritu de equipo, no había una relación saludable ni satisfactoria entre ellos. Era una organización con veintiún centros médicos de radioterapia y oncología en España (perteneciente a una multinacional con ciento treinta centros en Australia, Reino Unido y España). De las ocho personas que formaban el equipo de liderazgo sénior, seis procedían de la fusión de dos empresas y dos eran miembros nuevos. Provenían de diferentes culturas organizacionales, lo que los llevó a competir en lugar de a colaborar. Cada uno pensaba que su enfoque era el mejor.

Hicieron un taller de *team building* apreciativo y liderazgo apreciativo en el que trabajaron la importancia de las preguntas que, en general, se planteaban entre ellos. Se vio la importancia de iniciar las reuniones con preguntas inspiradoras, generativas, que condujesen a conversaciones productivas y conectivas.

Cada uno hizo una prueba de inventario de estilos de vida, que mostró que la mayoría de ellos estaban establecidos en el estilo de poder, mando y control. A través del mindfulness relacional y del *coaching* apreciativo, trabajaron en la mejora de la autorrealización, en ser más humanos a la hora de animar a otros, en lugar de ser egocéntricos, esforzarse por alcanzar logros a partir del establecimiento de metas internas (en lugar de metas impuestas externamente) y contribuir colaborativamente con el fin de crear un ambiente de afiliación y empatía entre los miembros de sus equipos.

En el taller, se incluyeron sesiones de mindfulness relacional que les ayudaron a ser conscientes de cómo su estrés y presión estaban afectando a la forma en que se comunicaban, provocando la escalada de tensión en el equipo. El mindfulness relacional les llevó a darse cuenta de que las preguntas que planteaban conducían a conversaciones de confrontación, en lugar de a conversaciones colaborativas. Al darse cuenta de esto, se despertó la motivación para cambiar la manera de hablarse, de dirigirse los unos a los otros, de reconocerse, así como de plantearse preguntas que cuestionaran las suposiciones y abrieran nuevos horizontes engendradores de relaciones saludables.

Un equipo ejecutivo genera conversaciones valiosas cambiando las preguntas

Jackie Stavros y yo trabajamos con el equipo ejecutivo, en España y Portugal, de una multinacional presente en veintisiete países. El equipo estaba formado por ocho directivos en diferentes oficinas y ciudades de los dos países. Descubrimos que su comunicación diaria era principalmente en línea y que había conversaciones pendientes, conversaciones no resueltas, lo que generaba malentendidos. Les planteamos un taller en el que incluimos la importancia de ser conscientes de las preguntas que hacemos y el impacto relacional de estas, porque nos llevan a conversaciones diferentes y de más calidad. En el proceso de desarrollar su conciencia relacional, exploramos sus opciones.

Nuestro objetivo era inspirarlos a ser curiosos para conocer mejor y poner de relieve las suposiciones bajo las que estaban operando, mediante el uso de preguntas generativas, para cambiar la dinámica de su comunicación en el trabajo. Cuando sabemos y asumimos, o creemos que sabemos y asumimos, que tenemos razón, generalmente no hacemos preguntas, solo decimos lo que pensamos. Solemos hacerlo de modo afirmativo, como una declaración: «Esto es así». En cambio, cuando nos mostramos curiosos, planteamos preguntas para saber del otro, para ocuparnos de los otros y valorarlos, así como para promover una conversación generativa. No se trata de ignorar el problema, sino de indagar y hablar de lo que más queremos. «Las preguntas correctas pueden cambiar una conversación. Hacer preguntas en una conversación en curso puede cambiar el enfoque, el tono y la dirección de una conversación».[64]

Cocrear sentido

Juntos generamos el sentido de lo que vivimos. En nuestras relaciones, creamos el sentido de cada persona en referencia al otro: quiénes somos para el otro, cuánto le importamos y nos importa.

A través de los procesos relacionales creamos el mundo en el cual queremos vivir y trabajar –afirma Kenneth Gergen–. Reconocemos que, a medida que las personas creamos sentido, sembramos para la acción. El sentido de la acción se entrelaza. A medida que generamos sentido juntos, creamos el futuro.[65]

Creamos sentido a través de nuestras actividades colaborativas; y mientras conversamos, escuchamos nuevas voces, planteamos preguntas y reflexionamos sobre metáforas alternativas… cruzamos un umbral que nos lleva a nuevos mundos de significado y sentido. Nuestro futuro está para que lo creemos juntos.[66]

Nuestro bienestar depende, en gran medida, de nuestras formas de relacionarnos. Pero… ¿cómo cuidamos estas prácticas, especialmente en las condiciones actuales de cambios rápidos, nivel elevado de estrés e infinidad de compromisos? Esta pregunta es fundamental para el bienestar de las personas, familias, comunidades y lugares de trabajo. **Si las relaciones se deterioran, todos estamos en peligro.** En nuestras relaciones necesitamos encontrar sentido; a veces vivimos lo contrario, el sinsentido de una relación, sea laboral o personal.

Las prácticas tradicionales para mejorar las relaciones se centran en el bienestar individual. Cuando uno piensa en sí mismo sin tener en cuenta las necesidades y perspectivas del otro, favorece las tensiones, los malentendidos y la alienación. Debemos cuidar lo que surge en el espacio relacional y centrarnos en las formas de cuidar las relaciones y los espacios relacionales. Es necesario crear nuevas formas de relacionarnos, especialmente en condiciones adversas, en las que surgen conflictos de opinión o de valores, cuando hay que resolver problemas, cuando hay decepciones, culpas y rencor, ataques y posturas defensivas. Deberíamos ser capaces de explorar las posibilidades de acción creativa permanente en nuestro propio ámbito relacional.

Por medio de las conversaciones y el lenguaje que usamos, creamos sentido, basándonos en lo que nos dicen y en nuestras respuestas, y viceversa: basándonos en lo que escuchamos y compartimos, creamos nuestras interpretaciones y los significados que le otorgamos a lo que ocurre. El sentido fundamental es encontrarse uno mismo y encontrar a los otros. A veces, uno se pierde en las relaciones, o bien siente que ha dejado de encontrarse con el otro. Quizá se encuentra físicamente, pero ya no existe el vínculo, el encuentro, que te une al otro. El sentido de nuestra propia existencia lo descubrimos cuando vamos más allá de nosotros mismos y cocreamos con otros positivamente. Para ello debemos evitar bloquearnos en actitudes negativas y ampliar nuestras miradas, como hemos visto en el apartado «Ampliar la mirada y cuestionar suposiciones» (página 135), ya que es en la relación cuando cocreamos sentido y logramos vivir la vida con el entusiasmo que nos brinda el sentido compartido.

Cocrear sentido compartido nos une y aclara. Es importante que seamos conscientes de cómo lo que decimos y preguntamos influye en el sentido que cocreamos. Consideremos el siguiente caso que expone Kenneth Gergen:

> […] una mujer nos habla ampliamente de su ira y enojo por la irresponsabilidad de su marido. ¿Cómo puedes responder como amigo, terapeuta o *coach*? Quizá puedes tomarte una pausa y preguntarle: «¿Puedes decirme algunas maneras en las que tu marido es responsable?». Una segunda posibilidad es que le preguntes: «¿Cuán a menudo te surgen estos sentimientos de ira?». Como tercera posi-

bilidad, puedes indagar diciéndole: «¿Sabes una cosa?, me pregunto si en realidad no es ira lo que sientes, sino una inseguridad, que se expresa como ira».

¿Qué es lo que ha expresado la mujer? En la primera opción, con la pregunta que se le plantea, el amigo, el terapeuta o el *coach* ha prestado atención al comportamiento de su marido, dejando la ira en un segundo plano. En la segunda opción, se ha centrado en la ira, y el comportamiento del marido queda en un segundo plano, perdiendo importancia. Y en la tercera opción, el amigo, el *coach* o el terapeuta ha tratado sus palabras de ira como una expresión de inseguridad. Así que cabe preguntarse: ¿qué es lo que ha expresado la mujer? Depende de la respuesta del terapeuta y de la pregunta que le plantee. La mujer aporta la posibilidad de sentido, pero la formación de este sentido la suministra el terapeuta o quien sea que le pregunte. Al mismo tiempo, las palabras del terapeuta solo tienen sentido a la luz de lo que ha hablado la mujer. Ninguna de estas respuestas tendría sentido si la mujer se hubiera quedado mirando fijamente el techo. De hecho, ni el cliente ni el *coach* ni el amigo o la amiga crean sentido el uno sin el otro, y el sentido en particular que resulta de la conversación requiere la coordinación de sus esfuerzos. Por tanto, lo que ocurre en la conversación se construye entre los que participan en ella, es un proceso de co-acción, es decir, de acción coordinada.[67]

7. Liderazgo relacional

La verdadera fuerza del **líder** viene de adentro, de sus sueños, de su visión, de su mirada amplia e inclusiva y de los fuertes vínculos que crea con los demás. Es un líder relacional. Es un **líder *mindful* y apreciativo**: tiene poder, posición y privilegios, pero no se aferra a ellos. No tiene miedo de compartirlos con los demás. Su conciencia relacional significa que es consciente de que el poder, la capacidad, el impacto y el bienestar aumentan cuando se comparten. Su intención es compartir para crecer junto a los otros y darles oportunidad de cocrear sentido juntos; no comparte con la intención de ganar más poder y más privilegios. Él o ella no se aferra a las estructuras de poder y es consciente de la necesidad de adaptarse constantemente a las culturas cambiantes. Es un **líder servidor** que empodera a las personas para trabajar en procesos y proyectos con un flujo de comunicación abierto y fiable. Se comunica desde el lenguaje de la abundancia para cambiar culturas centradas en el déficit, en las que las personas se quejan, son negativas y las relaciones están estancadas, en culturas de aprendizaje apreciativo que promueven espacios de aprecio, de reconocimiento y de bienestar.

Son **líderes creativos**. En palabras de la expresidenta brasileña Dilma Roussef, «su presencia creativa transforma los sueños en realidad, rompiendo los límites de lo imposible […], es la mayor trascendencia ya que establece nuevos caminos, nuevas direcciones, porque permite la evolución y enfrenta la inercia, tan perniciosa».[68] El **líder apreciativo** avanza a medida que sus sueños y las preguntas que se plantea lo sacan del marco limitado de la realidad centrada en el problema. Esto significa que es capaz de aprovechar la energía que le brindan las preguntas generativas, y las imágenes atractivas de un presente y un futuro ideal, para salir de la inercia y construir con otros.

En el entorno organizacional, a veces, los líderes y gerentes séniores ven la necesidad de cambiar y se centran en cambiar sistemas y estructuras, pero no ven que los mandos intermedios y los trabajadores deben involucrarse en la creación y articulación de la visión del cambio, de lo contrario, se desvincularán, ya sea por no haber participado ni colaborado en el proceso y, por lo tanto, tener una falta de visión completa, o por colaborar de manera parcial e ineficiente. Se les dirá qué hacer, pero no han participado en el proceso de toma de decisiones ni sus voces han sido escuchadas. Esto no ayudará en su compromiso de implementación del cambio requerido por gerencia.

Mientras, como líderes, no seamos conscientes de lo que sucede en los procesos relacionales, no podremos dar pasos efectivos hacia el cambio necesario. A menudo se prioriza la atención a la cuenta de resultados en detrimento del cuidado de los procesos relacionales. Si cuidamos de estos últimos, nos facilitarán una mejora de resultados. Cuando priorizamos el proceso relacional, abrimos nuevas perspectivas para comprender y practicar la toma de decisiones inclusiva y participativa, el diálogo, la innovación, la reducción de conflictos, la generación de acuerdos, la evaluación del personal, la colaboración, la escucha, el reconocimiento y la relación de la organización con sus entornos. Solo siendo conscientes de la necesidad de una acción participativa y coordinada, se pueden dar los pasos necesarios para ser inclusivos, fomentar el diálogo y estar abiertos a la participación que cocreará y coordinará el movimiento hacia el bien común.

«Es apropiado ver el liderazgo relacional como la capacidad de mantener el diálogo entre muchos participantes que han cambiado su enfoque de centrarse en el líder individual a centrarse en los procesos de cocreación de significado y sentido en la organización. Este diálogo también puede verse como que no termina cuando se localiza la respuesta, sino como estimulado continuamente por las transformaciones en curso en el contexto global».[69]

Para invitar a una reflexión sobre las diferencias en la práctica del liderazgo tradicional y del relacional, véase la tabla 1, en la que divido los enfoques contrastantes en cinco áreas: orientación general al liderazgo, la forma en que los líderes abordan el trabajo en grupo y en equipo, relacionarse cara a cara, la dinámica de resolver problemas y aquello a lo que se le da valor.

Tabla 1: Comparación entre el liderazgo tradicional y el relacional

	Liderazgo tradicional	**Liderazgo relacional**
Orientación general	El individuo es primario	La relación es primaria
	Conciencia parcial	Conciencia relacional
	Generar estructuras	Proceso
	Adaptar	Innovar
	Impacto en el retorno	Impacto en el entorno y el medio ambiente
	Considera la posibilidad de uno mismo o un pequeño equipo	Considera la comunidad

	Liderazgo tradicional	Liderazgo relacional
Trabajando con grupos y equipos	Establece la tarea Dirige, manda y ordena Mantener la vigilancia Utilitario Escuchar desde el supuesto «yo sé»	Establece las condiciones Incluye y admite Mantener una relación mutua Cocrear bienestar Escucha empática, abierta y generativa
Relacionarse cara a cara	Definir rango Dictar e imponer Corregir Retroalimentación-*feedback* Emociones negativas Motivación instrumental	Modelo de buena relación Escuchar Valorar, apreciar Realimentación-*feedforward* Emociones positivas Sentido y propósito como impulsores
Dinámica de resolución de problemas	Restauración y reacción Centrado en resolver problemas Reducir el daño Ineficacia	Proactivo Centrado en aprovechar las fortalezas Crear bienestar Logro
Valor	Valor económico Visión limitada Interacción transaccional La naturaleza como recurso	Valor sostenible y florecimiento Enfoque de todo el sistema Interacción generativa La naturaleza como donadora de vida

Para pasar de la columna izquierda de la tabla, es decir, del liderazgo tradicional, a la de la derecha, el liderazgo relacional, Frank Barrett[70] utiliza la metáfora de la banda de jazz como forma de liderazgo relacional. Podemos aliarnos y formar un equipo, compartiendo el hecho de liderar como lo hacen las bandas de jazz, donde los músicos alternan entre ser el solista y seguir al solista. De esa manera, nos apoyamos unos a otros en un liderazgo relacional. El poder compartido genera corresponsabilidad, complicidad y cocreación. El poder de liderazgo compartido es posible cuando nosotros, como líderes, tenemos una fuerte conciencia relacional que nos ayuda a escuchar y a comprender al otro en el equipo y a aprender a trabajar juntos en la creación conjunta de nuestro bienestar. Las buenas relaciones son aquellas en las que sumamos y, juntos, somos mejores. Dejamos de competir, de criticar y de ser celosos, y pasamos a cooperar, a unirnos, a valorarnos y a apoyarnos unos a otros.

Ejemplos de liderazgo relacional que deconstruye las estructuras de poder tradicionales

El liderazgo relacional puede significar la deconstrucción de las estructuras de poder, lo que en algunas instituciones educativas a las que he acompañado ha significado un movimiento clave para empoderar a los colaboradores. Niemandt,[71] por ejemplo, comparte el caso de una institución religiosa que empoderó a los miembros para tomar decisiones en lo que concernía a sus propias vidas. Las estructuras de poder fueron deconstruidas y hubo un nuevo ímpetu para involucrar a los laicos.

En algunos casos, la estructura de poder se deconstruye porque no hay nadie más en la institución para tomar la iniciativa. Esta fue la circunstacia de un centro de formación en Barcelona dedicado a cuidar y formar a las mujeres inmigrantes que viven del sexo para que regularicen su situación legal y encuentren un empleo digno que las libere de la red de explotación a la que están sometidas, algo especialmente importante, ya que no estaban registradas como ciudadanas en España, por lo que necesitaban un contrato de trabajo para permanecer en el país. El centro estaba dirigido por una hermana de la congregación, que tuvo que renunciar debido a la edad, dejando a los laicos a cargo del proyecto. Trabajamos con la indagación apreciativa, la conciencia relacional y el diálogo para que esto sucediera, ya que había resistencia dentro de la congregación y el temor de que los valores troncales y carismáticos se perdieran. La aplicación de la indagación apreciativa facilitó un diálogo inclusivo, generativo y participativo, llevando a compromisos de cómo continuar la labor respetando el carisma y los valores, en otras palabras, el núcleo positivo fundacional de la organización.

Otros ejemplos incluyen a organizaciones cuyos líderes se abren a la participación, a la escucha e inclusión de todas las voces del sistema. En las cumbres de indagación apreciativa, se generan diálogos apreciativos participativos y la organización se convierte en una *learning organization*, una organización que aprende, avanzando e innovando en la complejidad de la realidad emergente. Encontrarás más ejemplos y amplitud sobre este tema en mi libro *Indagación apreciativa. Un enfoque innovador para la transformación personal y de las organizaciones*.

Líder servidor

Todas las tradiciones religiosas y espirituales afirman la importancia del servicio, de la caridad, de la entrega a los demás. Podemos cambiar una actitud de codicia por una actitud de dar, de compartir

y ser generosos. Esto en liderazgo significa ser un líder servidor.
Suele ser un desafío para los líderes acercarse a sus equipos, en una
actitud de servir y de apertura, que implica desarrollar su humildad,
ya que a menudo se espera que muestren fuerza para administrar y
gestionar a través del poder.

> No obstante, en la sociedad actual, la fortaleza del líder, sobre todo
> de un líder apreciativo, reside en su capacidad para servir en lugar
> de dominar por la fuerza. Se trata de ser un líder servidor. En la
> sociedad de hoy, eso supone que, desde el punto de vista de la hu-
> mildad, pueden seguir siendo líderes muy respetados, pero al mismo
> tiempo reconocerán que no lo saben todo. Servirán a las personas
> que les han sido encomendadas, que les han confiado, y sabrán que
> en el colectivo existen los conocimientos y la sabiduría del saber.[72]

Es decir, harán aflorar la sabiduría colectiva.

Como líderes servidores, si nos asentamos en nuestro núcleo positivo que nos abre al otro y a la vida, desde nuestro ser relacional, y
vivimos desde la conciencia del todo, brota en nosotros la fuente de
vida que es abundante y nos volvemos generosos. Lideramos desde
la confianza y no desde el temor a perder o a fracasar.

En las prácticas de mindfulness relacional, trabajamos para cambiar las actitudes egocéntricas, como el deseo de popularidad que se
puede transformar en aprecio y reconocimiento de la singularidad
del otro. En el momento en que te respetas a ti mismo, eres capaz de
reconocer al otro sin necesidad de sentirte superior o de asegurarte
de que te admira.

Podemos incorporar a nuestra vida prácticas relacionales que
nos permitan transformar las creaciones del yo separado –como son

la irritación y la ira– en experiencias y emociones que nos abren al otro. La irritación te vuelve impaciente y no te facilita el reconocer al otro y sus esfuerzos; la ira te hace rechazar y te separa del otro; la codicia te lleva a desatender las necesidades del otro e ignorarlas. La ira se puede transformar en perdón y en compasión; la compasión, la alegría, la confianza y la generosidad te abren al otro; en la apertura, los otros no te temen como una persona con autoridad que les impone, sino que tu apertura les da espacio para contribuir, para atreverse y ser ellos mismos sin temor. Así, cocreamos sentido juntos, y nuestra organización, nuestros equipos, nuestra vida y nuestras relaciones florecen.

Prácticas del líder relacional apreciativo

Debido a las relaciones y el clima poco saludables en varias organizaciones, encontramos que más personas exploran las prácticas de mindfulness, entendido en el entorno organizacional como atención plena, para reducir el estrés. Cada vez más personas dejan el trabajo por ansiedad, depresión y estrés. Los líderes tampoco lo tienen fácil con las presiones del mercado y de los accionistas para lograr resultados, y con las incertidumbres generadas por la situación de las diferentes crisis, como son la ambiental y energética, a nivel mundial. Las organizaciones necesitan líderes y gerentes con conciencia relacional en todos los niveles, que estén abiertos a guiar, asesorar, ser inclusivos y cocrear con otros, en lugar de emitir órdenes y empujarlos a la acción, lo que aumenta la ansiedad y el estrés.

La práctica del mindfulness relacional ayuda a la persona a acceder a su propio núcleo positivo, que puede dejar de estar a la defensiva o a la ofensiva en respuesta a algo o a alguien y responder con un espíritu de aprecio y apoyo incondicional. La persona encuentra en sí misma una presencia compasiva plenamente consciente de la presencia de los demás. Quizá te preguntes cómo se logra esto. Sigue leyendo y, más adelante, también en las prácticas, encontrarás pautas, sugerencias, ideas para potenciar la sabiduría relacional y la presencia plena.

Para mejorar la conciencia relacional entre todos los presentes en una sala, en una reunión, por ejemplo, es bueno comenzar con una práctica de mindfulness relacional. La práctica facilita que…

- Todos los participantes estén presentes y sean conscientes de dónde están y con quiénes están.
- Calmen el ruido de sus mentes.
- Estén más abiertos a escuchar.
- Conecten con la intención personal y grupal de la reunión.
- Creen un sentimiento de pertenencia.
- Cocreen sentido compartido.

En un espacio de silencio compartido, volvemos al presente y conectamos con la intención de la reunión. En ese espacio relacional, en presencia, las ideas y la comunicación fluyen entre los participantes del grupo creando un significado y sentido, momento a momento. Introduciendo instantes de silencio y lenguaje apreciativo es más fácil que las propuestas sean aceptadas, consensuadas o dialogadas sin presión, así como escuchando los diferentes puntos de vista. Independientemente de los roles de cada uno y respetándolos, se ve a cada uno, se reconoce su presencia, se es consciente de su potencial, confiando en él o ella. Se eliminan las expectativas de que quien encarna un rol específico de gerente, líder, profesor, padre, madre o terapeuta sea el que debe dar las respuestas, ya que se confía en cada participante como experto de su propia experiencia. Entonces el diálogo puede fluir sin la influencia de la autoridad de alguien que asume un papel de superioridad. Esto favorece que los participantes sean receptivos y estén abiertos a escuchar, compartir y hablar juntos. Además, el lugar, la decoración, los colores utilizados, el mobiliario, el estar sentados en círculo, donde todos se ven, todo influye en la creación de una atmósfera que hace posible la cocreación y las actitudes colaborativas.

Como hemos visto, en la práctica del mindfulness relacional exploramos nuestra capacidad de soltar suposiciones y prejuicios, cambiamos las narrativas desde la perspectiva del «yo» al «nosotros», y del «nos falta» al «lo que sí hay», es decir, del lenguaje deficitario a un lenguaje de la abundancia. Nos sentamos en círculo, de modo que nadie quede frente a la espalda de nadie y todos puedan ver a los presentes en la sala. El gerente o el responsable forma parte del círculo y se convierte en un facilitador que no impone, sino que posibilita el surgimiento del potencial de todos los presentes con preguntas poderosas y apreciativas. Creamos un espacio en el que somos conscientes de que juntos estamos en interser, somos un sistema y nos influenciamos unos a otros en nuestras experiencias y con nuestra presencia.

Con la práctica del mindfulness relacional, **en una sesión de meditación en grupo, invitamos a cada participante a vivir el momento presente como único**. El ahora y aquí que compartimos son únicos, ya que luego serán diferentes. Estar juntos en presencia, aquí y ahora, contribuye a la mejora de nuestra experiencia personal; no nos desconecta de ella. Entonces entramos en una dimensión contemplativa en la que somos transportados por la presencia del grupo fuera de la dimensión razonada, que contribuye, finalmente, a ir más allá del yo limitado. El sentido del yo se reduce y uno se abre a la experiencia de ser y estar con el otro. Entramos en un espacio de escucha generativa en el cual tenemos mayor claridad de qué es lo que quiere surgir del grupo y cuál es el futuro que quiere emerger y hacerse presente.

Practicar mindfulness relacional es hacerse consciente del campo relacional. En las prácticas tradicionales de atención plena, uno desarrolla una conciencia del cuerpo, del estado mental y de los niveles personales de estrés o bienestar. Es una práctica individualizada, en la cual uno desarrolla la conciencia de cómo está él mismo. Aquí estoy proponiendo desarrollar y ser conscientes del campo relacional, para que así uno se convierta en un líder solidario, un líder que se cuida y sabe cuidar. Cuida de su equipo y se solidariza con sus equipos, con las personas, consciente y atendiendo a cómo pide, ofrece y llega a acuerdos; cuidar es escuchar, reconocer y apreciar. Un líder-servidor y cuidador se convierte en un modelo de buenas relaciones, inspirando a sus equipos y despertando en ellos emociones positivas. Un líder relacional brinda retroalimentación apreciativa y realimentación (*feedforward*), capacitando a su gente para aprovechar su potencial, avanzar y prosperar. Este es un aspecto importante que deben resolver muchos directivos, ya que suelen dar un *feedback* centrado en lo que no funciona, el cual puede influir negativamente en la relación con los trabajadores. También hay estudios que muestran que muchos líderes no cambian después de recibir *feedback*. Por eso, dedico un apartado a desarrollar este tema en las próximas páginas, y también he creado una formación específica para aprender a dar *feedback* apreciativo y *feedforward*.[73]

Las prácticas relacionales potencian la presencia transformadora del líder. El líder desarrolla los valores de una presencia transformadora, como la generosidad, la confianza en los otros y en sí mismo, la valentía, la transparencia, la apertura, la adaptabilidad, la humildad, la tolerancia y la gratitud. Él o ella desarrolla las habilidades de ser un *thinking partner*,[74] un facilitador, que nutre conversaciones generativas que cocrean sentido con otros.

Las organizaciones, empresas e instituciones necesitan líderes con presencia transformadora capaces de fomentar prácticas relacionales que…

- Agudicen el ser conscientes del impacto de cómo nos relacionamos.
- Sean conscientes del poder de lo que preguntamos y de cómo lo preguntamos.
- Del uso del lenguaje de la abundancia.
- De ser creadores de puentes entre lo que se debe conservar y lo que se necesita transformar.
- De cómo y qué pedimos (¿rogamos, imponemos, forzamos?), cómo y qué ofrecemos, y de cómo llegamos a acuerdos.
- De qué manera escuchamos y reconocemos.
- De cómo se facilita la participación activa de todos.
- De introducir la innovación en un ambiente de bienestar en el que cada uno prospere, el equipo florezca, la organización prospere siendo respetuosos con el medio ambiente.

En las prácticas de indagación apreciativa ampliamos la capacidad de darnos cuenta de cómo estamos interconectados y de crear y mejorar la interconexión compartiendo historias, sueños, anhelos y propósitos.

La indagación apreciativa se sustenta en varios principios. Aplicar el principio de la totalidad (*wholeness*) nos hace avanzar ya que genera realidades mejores para todos. Se trata de incluir a todos, ya que así aflora la sabiduría colectiva. Un dicho japonés afirma que: «Ninguno de nosotros es tan listo como todos juntos». Estamos todos interconectados y formamos parte de una totalidad mayor. Trabajamos bien cuando sabemos que formamos parte del todo. Este principio propone pasar de pensar en partes a pensar en todo el sistema. ¿Qué se necesita para avanzar de pensar en partes a pensar en todo el sistema? ¿Qué necesitaríamos para crear ese cambio? ¿Cómo pensamos en todo el sistema y lo incluimos? Estas preguntas apuntan al paradigma emergente: ampliar la forma en que vemos el mundo.

> Cuando alguien experimenta la totalidad de su sistema –afirma Cooperrider–, algo ocurre para que aflore lo mejor de nuestras capacidades. Es como, por ejemplo, cuando los primeros astronautas vieron por primera vez el milagro de la vida en este planeta desde la distancia. En esos casos, también se dio una especie de instante de conciencia global, lo que provocó asimismo profundos cambios en la vida de los astronautas.[75]

Feedback apreciativo y *feedforward*

En las relaciones de trabajo, de familia o de convivencia, solemos necesitar dar y recibir *feedback* para compartir cómo nos sentimos o cómo nos afecta lo que el otro hace o dice. La confianza abre el camino para dar y recibir *feedback* de forma directa y no por la espalda. La conciencia relacional nos ayuda a confiar. Se requiere valentía desde el punto de vista del líder para estar abierto al *feedback*: la retroalimentación recibida o que se va a recibir. Los directivos están más predispuestos a dar que a recibirlo. Las aportaciones en forma de *feedback* de las personas de tu organización o comunidad oscilarán entre la aprobación y la desaprobación. Sobre todo, en el caso de una retroalimentación menos que halagadora, se necesita valor para aceptarlo plenamente como algo que también es valioso.

Resulta mucho más sencillo aceptar determinadas partes de la retroalimentación y desestimar otras que no se consideran importantes. Por ese motivo, es necesario escuchar, apreciar y plantear preguntas para comprender mejor cuál es la intención de quien te da *feedback*. La práctica de la apreciación nos invita a aceptar la retroalimentación recibida y tratar de comprenderla. Aceptar no significa estar de acuerdo. Aceptar nos abre al otro, en vez de rechazar sus palabras. Por ejemplo, puedes preguntarle: «¿Cuál es tu intención al darme este *feedback*? ¿Cuál sería para ti el resultado ideal que se debería lograr con él?». O también puedes plantearle: «Me gustaría compartir contigo mi intención de abrirme a recibir tu *feedback*».

Recibir *feedback* es un regalo, sin embargo, a menudo no se vive de esa manera, porque la persona a la que le estamos dando retroalimentación se puede sentir criticada y enjuiciada, o nosotros podemos sentirnos criticados y juzgados por la persona que nos da la retroalimentación. Por ello, las personas se ponen a la defensiva, se sienten inseguras y no están dispuestas a escuchar.

La práctica de *feedforward* se centra en las acciones presentes y futuras, así como en las fortalezas pasadas y presentes de una persona, y su preocupación por la relación, que le permitan avanzar. Es brindar conocimientos e ideas para mejorar el desempeño de una persona o equipo en una tarea, los cuales se utilizan para crear la mejor solución posible.

En *feedforward*, se trata de centrarse en las soluciones y no en los errores; en el futuro y no en el pasado; en promover el crecimiento, la inspiración y el compromiso alegre, en lugar de sentirse culpable, a la defensiva o quejarse. En *feedforward*, planteamos preguntas, por lo que no hay un juicio de valor: la oportunidad es encontrar un camino que seguir. Por ejemplo, puedes preguntar: «¿Qué harías de manera diferente la próxima vez en función de tu experiencia?».

La conversación *feedforward* crea un espacio de aprendizaje, cocreación y colaboración entre dos (o más) personas, ya sea un líder, un directivo o un gerente de un equipo con sus colaboradores, o un padre, madre o apoderado con sus hijos, o un docente con un estudiante. Si se considera el *feedforward* para grupos pequeños, se promueve una conversación que lleva al equipo y a la comunidad a prosperar y crecer.

Ofrecer *feedback* y *feedforward* siendo conscientes de la importancia de cuidar la relación nos lleva a practicar mindfulness relacional, en el cual…

- Priorizamos cuidar la relación.
- Somos conscientes y cuidamos del impacto de nuestras palabras.
- Nos vaciamos de las intenciones que surgen de la codicia y de querer tener razón.
- Nos abrimos a escuchar al otro.
- Exploramos las posibilidades de acción conjunta y de mejora.

Nos ayudará también el hecho de combinar *feedback* y *feedforward* con la indagación apreciativa, ya que eso significa que una persona o un equipo comprenden lo que hicieron bien; y las orientaciones o sugerencias dirigidas a las acciones del futuro o a las formas de avanzar son cocreadas, relacionales y forman parte de un enfoque del sistema completo.

Apreciar nos abre a reflexionar.

> La práctica de la reflexión es uno de los elementos clave para atender la retroalimentación de una manera abierta. Significa que la persona puede sentarse a pensar en preguntas como qué he aprendido o qué puedo aprender de este *feedback*, o cuál es el verdadero regalo que me han dado a través de este *feedforward*. Esta práctica abrirá la vía para aceptar casi cualquier tipo de *feedback* (convirtiéndola en un *feedforward*), allanando los obstáculos que pueden surgir de las distancias de poder.[76]

Parte III

Prácticas generales

8. Preguntas que abren horizontes

No estamos separados, lo real es común. […] Al igual que el oro convertido en joyas no difiere del oro en polvo, salvo cuando la mente crea la diferencia, del mismo modo nosotros somos uno en el ser: solo nos diferenciamos en apariencia. Esto se descubre siendo avezados, buscando, averiguando, cuestionando cada día, cada hora, y entregando a esa búsqueda la propia vida.[77]

NISARGADATTA

He elegido esta cita de Nisargadatta porque nos abre el camino para las prácticas. Debemos ser avezados, buscar, averiguar, cuestionar cada día, cada hora, y entregar a esa búsqueda nuestra propia vida. Dejar de ser lo que no somos y vivir plenamente en el ser y en plenitud requiere ese compromiso. También elegí la cita del papa Francisco para el inicio del libro porque pone en contexto para qué y hacia qué metas debemos encaminarnos. Nos recuerda nuestro origen relacional y que el futuro debe ser compartido entre todos. Necesitamos prácticas relacionales que nos impulsen como comunidad humana a comprometernos e involucrarnos en abordar las situaciones en las que estamos implicados. Para lograrlo debemos centrarnos en cuestiones cómo…

- ¿Desde qué yo vivo y me relaciono con los otros y con el mundo?
- ¿Qué es realmente de ayuda, para uno mismo y para los otros?
- ¿Qué facilita que las relaciones crezcan?
- ¿Qué puede apoyarnos para lograr una mayor armonía entre nosotros y con el mundo? ¿Qué hace que las comunidades funcionen y contribuyan a un cambio positivo local y global?
- ¿Qué interfiere? ¿Cómo lo abordamos de manera apreciativa?
- ¿Cómo mantener la calma en entornos turbulentos?
- ¿Cómo acceder a nuestro poder interior de paz y serenidad?
- ¿Qué nos facilitará y nos permitirá disminuir y erradicar el sufrimiento innecesario?

Estas y muchas otras son las preguntas que me he ido planteando y que han guiado mis indagaciones, estudio y prácticas, así como los libros que he escrito. Hay muchas prácticas que, si las incorporamos en nuestra vida diaria, nos ayudarán a erradicar el sufrimiento, a vivir en plenitud, a florecer con los otros, a incidir en el mundo transformando todo aquello que nos aleja de la autenticidad de ser entre nosotros, con el planeta y en el universo. Veremos, en esta tercera parte del libro, muchas de estas prácticas. Necesitas salir de la pereza, del automatismo y comprometerte. Plantéate interrogantes que te abran nuevos horizontes y sostén la pregunta sin buscar ni darte respuestas mentales e intelectuales. Escucha el silencio, y la claridad se irá dando.

Meditar es una de las prácticas centrales, sobre la que ya he ido compartiendo algunas ideas a lo largo del libro. De hecho, en todos mis libros hablo de la importancia de la meditación, aportando nuevas perspectivas, distintos ángulos.

9. Meditar

Uno de los objetivos de la práctica del mindfulness relacional y de la meditación contemplativa es lograr el estado de presencia en el que dejas de afectarte negativamente por las situaciones del día a día, permaneces estable y en armonía y sientes serenidad. Respondes a los acontecimientos, situaciones y circunstancias desde tu estado de presencia. Tus pensamientos son precisos, no corren como un caballo salvaje, sino que están bajo tu control. Reconoces lo que es auténtico y no te dejas impresionar por los espejismos de la falsedad y la ignorancia. Quizá alguien hable mal de ti y, entonces, reconoces lo que es verdadero y lo que no lo es, te das cuenta cuando surge de sus propias suposiciones y proyecciones; no reaccionas a la defensiva; te liberas de la ira, la rabia, el rencor y la avaricia. Eso te permite ser más generoso. Desde la claridad, te das cuenta, antes de actuar, de las consecuencias de tus actos y no te dejas llevar por el impulso del deseo y la codicia ni por las influencias externas, sino que actúas con un discernimiento basado en la sabiduría innata y en el conocimiento de la ley de causa y efecto.

Esto suena maravilloso y quizá te preguntes si todo esto se logra solo meditando. La meditación es la práctica principal ya que te ayuda a darte cuenta. Sin darte cuenta, sin ser consciente, no se cambia nada. Ese es, pues, el primer paso. Por ejemplo, te sientas a meditar y te das cuenta de la cantidad de pensamientos que inundan tu cabeza. Has estado todo el día con la mente a mil, pero solo al sentarte a meditar lo has advertido y, por lo tanto, puedes empezar a reducir la velocidad y la dispersión mental.

¿Desde dónde estás respondiendo o reaccionando al momento presente? Ser consciente es el primer paso para cualquier cambio: lo que ves, escuchas y sientes provoca en ti pensamientos y sentimientos de diversa índole. Es importante que te des cuenta de tu libertad y capacidad para decidir cómo respondes ante lo que ves y escuchas. Con consciencia plena, tus repuestas no serán reacciones impulsivas que te desequilibren internamente; serán respuestas que saldrán de una intención clara y de un discernimiento preciso, saldrán del silencio de tu ser. Para lograrlo es necesario meditar asiduamente.

Para salir de la ignorancia, todos los caminos espirituales nos proponen recurrir asiduamente a la oración o a la meditación, donde accedes a tu consciencia y te abres a la posibilidad de una conexión trascendente. En el silencio, calmas la voz y el ajetreo de la mente. En la meditación, disuelves lo que no es y te vacías de ello. Te das cuenta de lo que Es. En la práctica meditativa, se despiertan la consciencia y la intuición conectada con la sabiduría innata: ahí la individualidad egoica se disuelve y el ser relacional se abre al todo. Al todo, es decir, al Cosmos, al Teo y al Andros; es ser en conciencia cosmoteándrica, de la cual he escrito en la página 82.

Algunas prácticas meditativas se centran en darse cuenta, en ser consciente, en percibir el momento presente. Ahora bien, quiero llevar tu atención a la diferencia que existe entre observar y percibir. Cuando observas, analizas, etiquetas, hay un proceso intelectual de pensamiento acerca de lo que observas. El investigador observa. Cuando percibes, sientes lo que es y lo que hay sin etiquetarlo ni añadirle ninguna historia narrativa. Percibes la hoja roja del árbol y sientes el Todo en ella, no necesitas entrar en si está roja porque es otoño, porque le falta agua o porque tiene una enfermedad. Si te adentras en esas narraciones, estás observando y analizando, no percibiendo. Ha entrado el yo narrativo (véase página 71), está en acción. Se trata de que estés presente y te des cuenta del aquí y ahora. Por ejemplo, puedes percibir cómo te encuentras en este momento, sin necesidad de darte explicaciones ni de buscar causas. Si percibes tristeza, estás presente con ella y, en el silencio de tu presencia, la atraviesas y, poco a poco, o de una vez, se disuelve. Si pasas a buscar causas y dar explicaciones, abandonas tu ser esencial y entras en la mente discursiva. Desde ella, te narras muchas historias y puede que vivas más en la historia que te cuentas que en la realidad de lo que es.

Con el mindfulness relacional practicamos salir del yo separado, así como ser y estar en nuestro ser relacional y en nuestro núcleo sano. Entonces, a menudo, nos damos cuenta de que nos movemos con modos de comportamiento que hemos desarrollado para sobre-vivir en la complejidad relacional en la que estamos inmersos; en ocasiones, es para protegernos de sentirnos rechazados socialmente, o bien para evitar el dolor emocional. Estos patrones de comporta-miento, cuando se repiten, dejan rastros en nuestro tejido neuronal, lo cual los hace más persistentes. La buena noticia es que el cerebro es un órgano con gran plasticidad y que, con la práctica del mindfulness relacional y la meditación contemplativa, podemos cambiarlo. Se trata de desaprender hábitos rígidos que nos endurecen, para luego aprender hábitos más saludables que nos abren a la vida y a los otros de forma que el amor, la alegría y la vitalidad fluyan.

Para entrar en la práctica meditativa, nos podemos apoyar en varios pilares. El primero de ellos consiste en estar en la percepción del momento presente: salir de la mente narrativa y el pensamiento discursivo y entrar en percibir el aquí y ahora. Dirigir la atención a la respiración –el segundo pilar– ayuda. Estar presentes desde una postura erguida, con el pecho abierto, los hombros ligeramente hacia atrás, para que el aire fluya fácilmente a los pulmones y bronquios; con el vientre relajado, el rostro calmado; con una parte del cuerpo conectada a la tierra y otra al cielo. Es una verticalidad que nos recuerda la de los árboles: las raíces hacia la tierra y la copa del árbol hacia el cielo, abierta para dar y tomar de todo aquello que le da vida y a lo que da vida.

Junto a la postura y la respiración, el tercer pilar que nos acompaña para estar presentes en la meditación es la palabra (*mantra*) o la imagen (*yantra*). El maestro del Vedanta advaita-no dualismo Ramana Maharshi recomendaba la práctica del mantra al iniciarse en la meditación. Para desarrollar el control mental, aconsejaba las prácticas de meditación sobre Dios –a quien él consideraba como el Todo– por medio de una repetición constante de su nombre, o bien a través de una visualización de su forma. Consideraba que, si eso se llevaba a cabo con regularidad, amor y entrega, la mente acababa siendo absorbida sin esfuerzo en el objeto de la meditación.

> La meditación consiste en aferrarse a un solo pensamiento. Ese pensamiento previene que vengan otros pensamientos. Si se distrae la mente, esto quiere decir que es débil. Al meditar constantemente, la mente se va fortaleciendo, y la debilidad de pensamientos fuera de control se reemplaza con el fondo que se mantiene libre de pensamientos. […] Si se mantiene un solo pensamiento, todos los demás pensamientos desaparecerán y finalmente serán destruidos. […] El resultado final de cualquier práctica de *dhyana* (meditación) es que el objeto sobre el cual el buscador fija su mente deja de existir como algo distinto y separado del sujeto. Aquellos dos, el sujeto y

el objeto, se convierten en el Ser único. Ese es el corazón. […] En las primeras etapas –comparte Ramana Maharshi–, la repetición del nombre de Dios es meramente un ejercicio de concentración y meditación, pero al avanzar en la práctica, se llega a una etapa en la cual la repetición procede sin esfuerzo, automática y continuamente. Dicha etapa no se alcanza con solo la concentración, sino al entregarse completamente a la deidad cuyo nombre se ha estado repitiendo. Al utilizar el nombre de Dios, uno debe llamarlo con anhelo y rendirse a él sin reserva. Solo después de tal entrega es cuando el nombre de Dios siempre estará con esa persona.[78]

Al repetir un mantra durante la meditación, nuestra mente se calma y nos centramos en las palabras y en su sentido, para vivirlas. Son palabras cortas y nos acompañan al inspirar y espirar. Por ejemplo: inspiro/«Soy» y espiro/«Paz». No necesariamente debe contener el nombre de Dios o de aquello que para ti sea el todo. Cada uno debe encontrar su mantra; o bien el mantra le encuentra a uno. Es decir, que cuando inicias tu práctica, en silencio, en escucha plena, llega un momento en que te resuena en tu interior y sabes que esa palabra, o esas palabras, son las que te centran. Puede ser, por ejemplo, «Soy paz», «Yo soy», o bien «Eres en mí», «Soy en ti», «Soy luz». Pocas palabras, a ser posible monosílabas, que nos acompañan al ritmo de la respiración y sirven para centrarnos y entrar en presencia. Cuando el mantra te encuentre, sabrás que ese es el tuyo, el que te acompañará en tu práctica.

A veces pueden ayudarte las afirmaciones, fortaleciendo tu conexión con lo que te da vida con ellas. Louise Hay, conocida escritora y difusora de terapias alternativas y del cambio de las creencias limitantes para contribuir al proceso de sanación y de liberación de la rabia, en casos de enfermedades como el sida y el cáncer, nos sugiere esta: «Te perdono por no ser de la forma que yo quería que fueras. Te perdono y te libero»; «Me perdono por pretender que fueras distinto de quien eres». Perdonar es una práctica liberadora y te abre la vía para celebrar que estás aquí. Utilizar estas afirmaciones puede ayudar a que se cumplan y a aligerar la carga interna; sin embargo, no actúan como un mantra, que es más corto y lleva a la vacuidad.

En la meditación conecta con lo que te da vida y te ayuda a celebrar. No es una práctica penosa, dura, difícil, que implique machacarte y esforzarte con dureza. Es una celebración de la alegría de haber nacido, de poder vivir y ver con tus propios ojos la maravilla de la existencia. Centrarte en un mantra te ayuda a entrenar tu atención. La atención es la vía de entrada en la meditación. Entras, y tu mente te lleva a otra parte, porque se distrae y genera pensamientos casi automatizados. Los pilares –postura, respiración, mantra– te ayudan a volver a estar presente. Otros pilares que nos acompañan a regresar al presente y a salir del discurso mental son: la postura de nuestras manos, sentir el centro de la palma de las manos, y percibir el espacio de silencio compartido, en especial cuando meditamos en grupo. Desarrollo este tema en mi libro *Meditación contemplativa*. Se trata de ser consciente del campo energético que nos rodea, del espacio en el cual practicamos el silencio. Por ejemplo, son muy diferentes los campos energéticos de un bosque, una playa o una iglesia o un templo, o bien un banco o una acera de una calle transitada. Cuando meditas, aunque estés con los ojos cerrados, puedes percibir, sentir el campo energético del espacio que te rodea. Y cuando meditamos en grupo, ese sentir se hace más fuerte, más pleno.

La calidad de la vida está gobernada a menudo por dónde centramos la atención. En la sociedad de consumo, de internet y las redes sociales, es fácil perder el control sobre nuestra atención. Como sociedad, hoy vivimos en una gran distracción, como nunca antes había sucedido. Incluso le hemos concedido a la tecnología la autoridad de dictar la velocidad a la que debemos ir para estar al día. Con ello nos vamos empobreciendo espiritual y emocionalmente. Perdemos la atención del momento presente. Tenemos «mucho que hacer» y nuestra atención se distrae y no vivimos en presencia, en el aquí y ahora. Sé consciente de tus experiencias mentales y emocionales mientras te involucras con las redes sociales. Limita también tu exposición a la radiación de las pantallas. Cuídate para cuidar.

Meditar es la práctica base y prioritaria, pero no es suficiente. Debemos entrelazar varias prácticas que podríamos agrupar en:

- La práctica del silencio, la contemplación, la meditación.
- La práctica de revisar para darnos cuenta de cómo nos relacionamos y de nuestras actitudes y para transformar aquellas actitudes, palabras y acciones que nos llevan a la tensión, estrés o sufrimiento, de manera que logremos que surjan de nuestro ser auténtico, del núcleo sano y no de nuestro ser separado.
- Alinearnos con la dimensión de interconexión en el todo, en la vida y en el interser.
- Servir, darnos a los otros, tener un propósito más allá de nosotros mismos, contribuir, impactar en el mundo transformando con nuestra presencia, palabras y acciones.

Vivir en presencia plena y en mindfulness relacional es salir de los espejismos creados por el yo separado y ver lo que es como es. Se trata de dejar de operar en nuestra vida desde *maya* (la falsedad, lo que no es, los espejismos, en sánscrito). Veamos algunas ideas que nos sirvan para darnos cuenta de cómo está operando la mente desde el yo separado.

10. Claves para dejar de operar desde el yo separado

> Cuando el yo desaparece, desaparecen los problemas.
>
> MAESTRO BUDISTA[79]

Cuando te das cuenta de que estás viviendo para el siguiente momento, buscando algo que quieres recibir o lograr en el instante siguiente, en ese darte cuenta ya estás saliendo del patrón mental del yo separado y te estás abriendo a la posibilidad de elegir prestar toda tu atención a ese instante presente.

Más adelante, en este mismo capítulo, te propongo que realices pausas *mindful*, ya que, para darte cuenta, necesitas un tiempo, aunque sea corto, y un espacio mental y emocional que te permitan ver y ser consciente del tren en el que está tu mente para poder bajarte de él si es necesario, y parar, sentir, percibir, regresar al aquí y ahora.

Cuando interiorizamos y somos conscientes del yo separado que parlotea, podemos regresar al momento presente y enraizarnos en el aquí y ahora, aceptando, despiertos, relajados y vitales.

Vivir en el aquí y ahora no significa que no planifiques. Sí, márcate metas, pero sabiendo que alcanzarlas no es lo prioritario, sino vivir el presente mientras caminas hacia ellas. Puedes planificar un viaje al detalle, pero ese no es el viaje. El mapa no es el territorio. Cuando algo surge de la presencia del momento presente, significa que ese instante no es un medio para un fin: la acción es satisfactoria por sí misma en cada momento. Ya no reduces el ahora a un medio para un fin. Aprendes a vivir el presente no desde la planificación mental, sino desde lo que ocurre en el aquí y ahora. Te aseguro que te ahorrarás mucho estrés; por ejemplo, ese que surge cuando las cosas no son como habías planificado y te resistes a aceptarlas tal como son.

El río fluye hacia el mar, su meta es el mar; sin embargo, fluye en el momento presente y se adapta al terreno y a las montañas, a la temperatura, al sol y a lo que va apareciendo en el aquí y ahora.

Es posible vivir libres del mito de la separación en este lugar central de nuestro ser, en el que somos vitales y estamos empoderados; es vivir desde el núcleo sano. Depende de cada uno de nosotros el hecho de restaurar la autoridad de nuestro ser auténtico. No hay píldora que nos lleve allí. Se requiere atención y concienciación. Tampoco es tan difícil ya que somos relacionales y estamos interconectados. Se trata de des-cubrirlo, es decir, de quitar lo que cubre y vivir desde el centro y no desde la cubierta periférica. Necesitas tener la voluntad de mirar, de darte cuenta y de reconocer que ahora es el momento. No postergar ni posponer más. Debes derretir y transformar las capas de tus resistencias y actitudes defensivas y centrarte en tu núcleo sano para llevarlo más a tu conciencia y acciones. Hacerlo te ayudará a abrirte a la comunicación con el otro y con el mundo interior. Cuando tu conciencia está totalmente centrada en este momento, en el aquí y ahora, entra en tu vida una inteligencia mayor que la inteligencia de tu mente egoica. Conectas con la sabiduría del todo.

En la página 67 tienes las claves para entender cómo opera el yo separado. A continuación te expongo una práctica creativa para identificar tu núcleo sano.

Práctica creativa para operar desde el núcleo sano y dejar de operar desde el yo separado-el ser delimitado

Encontrar tu afirmación como puente hacia tu centro.
Práctica creativa

Ten a mano unos lápices de colores y papel. Vamos a dibujar nuestro núcleo sano, el estrato oscuro y la coraza.

En primer lugar, piensa y recuerda un momento de plenitud en tu vida. Un momento en el que te sentías pleno, pletórico, feliz. Recuérdalo. Rememora un momento en que te hayas sentido pleno. Un momento en el cual seguramente estabas conectado con algo más allá de ti mismo. Evocar ese o esos momentos es un acto de reafirmación de que pudiste ser tú mismo, y de que tu presencia, tu ser, tu experiencia tuvieron sentido. Recuerda ese momento, tráelo a la pantalla de tu mente o de tu corazón y respóndete a estas preguntas:

- ¿Qué sentías?
- ¿Qué fluía en ti y de ti?
- ¿Qué valores, puntos fuertes, vivencias llenaban tu ser en ese momento?

Tus respuestas están en línea con lo que configura tu núcleo sano.

Dibuja un círculo y en su interior pon la imagen o las imágenes y la(s) palabra(s) que resumen el sentir, el valor, el eje de ese instante de plenitud. Quizá fue un amor incondicional o una sensación de libertad; quizá viviste tu poder personal al lograr algo, o sentiste una gran paz y armonía. Quizá sentiste comunión con la naturaleza, con el universo, con el Todo. Fuera lo que fuera lo que provocó esa experiencia, céntrate en los valores, en los sentimientos profundos que fluyeron en ti. Quizá nació tu primer hijo y sentiste un amor incondicional o el gozo de vivir. Entonces, anota en el centro del círculo las palabras «amor incondicional», «gozo»; es decir, anotas la vivencia, no el hecho en sí que la provocó. Esa vivencia manifiesta características de tu núcleo sano, que puede ser la belleza, el amor, la paz, la serenidad, la libertad, la dicha, la alegría de vivir, etcétera.

Una vez que has dibujado y rellenado el círculo representando tu núcleo sano, dibuja otro círculo mayor alrededor para representar el estrato oscuro: tus flaquezas, las emociones que te ensombrecen, que te hacen entrar en una espiral hacia abajo; aquello que para ti es negativo, te separa y aísla: la tristeza, la rabia, el odio, el miedo, la depresión, el rechazo, la codicia, la avaricia, los celos, la culpa o la vergüenza, entre otras. Se trataría de las capas egocéntricas, del yo delimitado, del yo separado.

Alrededor de este círculo dibuja un círculo exterior que representa el envoltorio, la coraza. Es una coraza que puede estar constituida por el querer quedar bien, por complacer al otro, por una actitud de «no pasa nada» o «me da igual», por apatía, etcétera. Quizá es la imagen que quieres proyectar en el exterior y para los otros. Quizá es una coraza para defenderte.

Observa tu dibujo. Recuerda qué te ha ayudado cuando has accedido a tu núcleo sano.

Puedes encontrar unas rendijas, unas aberturas, por las que entra la luz al núcleo sano y se manifiesta la energía del núcleo sano atravesando el estrato oscuro. Son aberturas que te ayudan a acceder a ti, a tu Ser real, sano, luminoso y auténtico. Busca afirmaciones que sean como llaves que abren el camino hacia tu núcleo vital. Por ejemplo:

- Soy amor.
- Perdono y me perdono.
- Me libero y accedo a mi ser.
- Dios, la vida, el amor, me aceptan como soy.

• Soy en ti.
• Confío.

Puedes utilizar estas afirmaciones, o las que tú mismo crees, para que te sirvan como rendijas hacia tu núcleo sano; es decir, como frases que luego podrás repetir, visualizar, sentir y vivir en la meditación.

11. Alinear la voluntad con el propósito

Con frecuencia, me encuentro con personas que quieren, aparentemente, deshacerse de su sufrimiento, pero en el fondo están apegadas a él, es como si quisieran y, al mismo tiempo, no quisieran. Están encalladas en un discurso negativo repetitivo y en una espiral degenerativa que consume su energía vital. Aun así, es como una adicción que les lleva a seguir ahí. La pregunta, en este caso, es: ¿quieres seguir así hasta llegar a la tumba? Si la respuesta es «no», entonces es importante fortalecer la voluntad. Para fortalecer la voluntad, hay que entrenar la atención. Proponte pequeñas prácticas de atención y voluntad. Por ejemplo:

- Esta semana, cuando tomes el café o el té, estarás plenamente presente y no mirarás el teléfono ni harás otras cosas.
- Cuando camines, lo harás con atención plena.
- Cuando bajes o subas las escaleras, estarás plenamente presente.
- Cuando escribas un correo o un mensaje, lo harás pensando no solo en lo que quieres decir, sino en cómo lo puede recibir el otro, y lo harás con conciencia y mindfulness relacional.

Proponte pequeñas prácticas para entrenar tu atención y tu voluntad, relacionadas con tu presencia, con estar atento, con tu postura, al sentarte y al caminar, con tus hábitos de comer y beber.

Así, poco a poco, irás entrenando tu capacidad de hacer lo que te propones.

El siguiente paso consistirá en alinear la voluntad con nuestro propósito, con nuestra intención más profunda de vivir en presencia plena, de vivir con sentido. Cuando nos alineamos con nuestra voluntad de querer atravesar el sufrimiento y avanzar más allá de la burbuja del yo separado, la vida nos apoya para lograr de nuevo la plenitud y la unidad, que son nuestro estado natural. Das los pasos con valentía, perseverancia y voluntad, y vas atravesando el sufrimiento, las capas oscuras o sombras; así, poco a poco, al abrirte llega a ti la ayuda y el apoyo. Quizá no llega de la manera que quieres o creías que llegaría, pero, si permaneces abierto, el universo ayuda, sea a través del Teo, del Cosmos o del Andros; es decir, ya sea a través de una ayuda divina, una intuición clara y precisa, una señal del cosmos o de la naturaleza, o bien de una, o más, personas.

Si uno se compromete, mantiene la determinación y se entrega por completo al ser y a desprenderse del no-ser, la transformación y la realización del ser pueden ocurrir en cualquier momento. Incluso puede darse como una experiencia de la gracia divina, de la providencia, en la cual la persona llega al silencio que todo lo abarca y vive una disolución del yo egoico y limitado. Para llegar al conocimiento profundo del ser, Ramana Maharshi considera que…

> […] existen tres clases de aspirantes espirituales. Los más avanzados realizan el Ser al escuchar sobre su verdadera naturaleza. Los siguientes necesitan reflexionar un buen tiempo antes de que la conciencia de sí mismo se establezca en ellos firmemente. Los de la tercera categoría por lo general necesitan muchos años de práctica espiritual intensiva para alcanzar la meta de la realización del Ser.

A veces, Sri Ramana usaba el ejemplo de la combustión para describir los tres niveles: «La pólvora se enciende con una sola chispa; el carbón necesita que se le aplique fuego por un corto tiempo, y el carbón húmedo necesita secarse, luego encenderse por un largo tiempo, antes de que prenda fuego».[80]

Sea cual sea tu caso, la cuestión es empezar a caminar y continuar caminando, para llegar de aquí a Aquí, y del ahora al Ahora.

12. Indagación *mindful*

Por indagación *mindful* me refiero a indagar en nuestra experiencia en el momento presente; también a indagar acerca de qué yo está operando. Plantearte preguntas que te lleven a darte cuenta de…

- ¿Este pensamiento es verdadero o es una suposición, una historia que me estoy contando?
- Esto que siento… ¿puedo sostenerlo sin añadirle causas o historias, y así dejar que se vaya por sí solo?
- ¿Cuánta energía estoy dedicando a sostener las historias que he creado y que me sigo narrando? ¿Puedo dejarlas estar y no darles más cuerda?

Ramana Maharshi también propone la indagación del yo. Tal como expuse en mi libro *Meditación contemplativa,*[81] podemos utilizar y ser conscientes del pensamiento-yo, no para reprimir ni controlar la mente. La concentración y el control suponen un ejercicio mental. Uno, cuando se concentra, está absorto en un objeto o en una idea. En la meditación, la concentración puede ser una ayuda para centrar la atención, pero no nos abre del mismo modo que la contemplación ni abarca la totalidad del ser. No se trata de suprimir los pensamientos, sino de prestar atención a la fuente de donde surgen. «El método y la meta de la indagación del yo es mantenerse en la fuente de la mente y estar atento a lo que uno realmente es, al quitar la atención e interés de lo que uno no es».[82]

Es una meditación que nos permite indagar en el yo real, el ser. Se trata de indagar para llegar a encontrar la fuente, aquello que nos da vida y de donde emana vida; de buscar la fuente y llegar a ella. Allí desaparece el «yo» falso y el «yo» verdadero se realiza. Se indaga en «¿quién soy yo?» tratando de buscar de dónde surge el ego o el «pensamiento-yo». Buscar la fuente del yo es una manera excelente de deshacerse de todos los pensamientos.

En la meditación, nos disponemos a abrirnos, en busca del yo que subyace en el fondo libre de pensamientos. Con cada pensamiento que surge, mantenemos viva la pregunta de «¿a quién le ha surgido este pensamiento?». Si la respuesta es «a mí se me ha ocurrido este pensamiento», continúa la indagación preguntando «¿quién es el "yo" y cuál es su origen?». Es una indagación que se realiza desde el silencio alcanzado con la percepción que ha acallado la mente; no es una indagación intelectual ni mental. No es un diálogo con uno mismo sobre el yo. Es una indagación silenciosa; es una meditación en la que entramos en un silencio que nos abre a la profundidad, con el objetivo de llegar al fondo que se mantiene libre de pensamientos –en palabras de Ramana–, a esa extensión libre de pensamientos que es el Ser.

Una vez que has alcanzado un estado de quietud mental, la indagación en el yo real que está detrás de los pensamientos es desde y en el silencio. ¿Quién es el yo que piensa? ¿Quién soy yo? ¿Qué fondo hay bajo los pensamientos? Ante la pregunta de «¿Quién soy yo?», uno puede percibir quién ve al que piensa. Piensas algo y la conciencia en ti te dice que está bien que lo pienses, o no. Esa conciencia… ¿eres tú o es una conciencia universal que actúa y está viva en ti? Ante la pregunta, la mente se silencia para escuchar. En ese silenciamiento se ve. Es un ver en el que uno se da cuenta poco a poco, y finalmente con una claridad rotunda, de que el yo no es un yo separado. Llega a un discernimiento en el que ve lo que es y se siente en comunión, en el gozo de la Presencia. Ve la realidad única, es decir, capta que no hay dos realidades separadas (sujeto-objeto, yo-tú) y vive la experiencia de la adualidad (no-dualidad) en la que se siente unido al Todo. Para llegar ahí, **es necesario un proceso de silenciamiento y de vacío de ruidos, imaginaciones, interpretaciones, proyecciones, de asociaciones, suposiciones y creencias; es necesario estar presente en la profundidad del silencio interior**.

La indagación en el yo que estoy exponiendo en este apartado corre el desafío de volverse mental, de manera que puede ocurrir que la atención que se le da a la percepción del yo sea una actividad mental asimilable a un pensamiento o sensación. Estoy planteando aquí la propuesta de mantener la pregunta «¿quién soy yo realmente?» en el horizonte, en la conciencia, sin entrar en debate ni en diálogo interior, sino manteniéndose en el espacio sagrado del silencio interior, y dejar que la respuesta llegue por sí sola. No llegará en forma de pensamiento o idea, sino como una vivencia profunda, como un silenciamiento total.

13. Pausa *mindful*

En el día a día vamos recibiendo *inputs*, escuchando, viendo, leyendo, y todo ello nos mantiene en acción y, a menudo, en distracción y reacción. Llega un momento en el cual actuamos ya con el piloto automático, es decir, reaccionamos a lo que va ocurriendo, en vez de responder desde la serenidad y la lucidez interior. Para no caer en ese modo automático de hacer, es bueno tomarse una pausa con el objetivo de dirigir la atención hacia el interior, invitándonos a relajarnos, a darnos cuenta de cómo estamos, a calmar la mente y regresar a la conciencia plena saliendo de la mente separada, si es que hemos vuelto a la identidad de la separación. En todo momento tienes la opción de ver hacia dónde quieres dirigir tu atención. Aquello en lo que te centras lo haces crecer. Puedes regresar a la respiración, a sentirte, a estar aquí y ahora, a la conciencia de la interconexión y a la presencia interconectada.

Puedes tomarte varias pausas al día, de unos pocos minutos, para asentarte en tu ser y dejar de ser una marioneta de los impulsos, de los otros y de las circunstancias.

- Respira.
- Cierra los ojos.
- Siente.
- Calma tu pensar.
- Escúchate en profundidad.
- Corrige tu postura: erguida, con el pecho abierto, los brazos y las manos relajadas y los hombros alejados de las orejas.

• El rostro, calmado.

• Deja pasar los pensamientos superfluos como si fuesen nubes que se las lleva el viento y las disuelve.

La pausa te permite discernir entre lo que es dañino y perjudicial para ti –y te hará consciente de que eso también lo será para los otros– y lo que es beneficioso para ti –que también lo será para los otros–. Te ayuda a centrarte de nuevo y a recuperar energía y vitalidad.

14. Vivir el ser relacional. Interser

Toda vida verdadera es encuentro.[83]

MARTIN BUBER

Las virtudes, la práctica de la meditación y la transformación personal son necesarias, pero son insuficientes para superar los grandes sufrimientos causados por las estructuras de opresión. Con la práctica del mindfulness relacional, del interser, cultivamos las responsabilidades en nuestro ser, estar y hacer en la vida familiar, en el trabajo y en la comunidad. El interser sugiere varias prácticas y actitudes para convivir con los problemas y sufrimientos de la vida cotidiana. Algunas ideas que expongo aquí surgen de propuestas de Thich Nhat Hanh.[84]

Practicar y vivir el interser implica vivir en apertura, abrirse al diálogo y a la escucha plena, salir de la estrechez de miras, atravesar el sufrimiento, canalizar la rabia, la acción compasiva, no tomarte nada personalmente, y más prácticas que vamos a ver a continuación.

La práctica consiste en aceptar múltiples puntos de vista, en no aferrarse al propio, en no asentarse en «tengo razón» y en la apertura, escucha y capacidad de diálogo.

A continuación, te propongo otras pautas para practicar el interser.

La balsa para cruzar el río

Vivir en **apertura**, siendo conscientes del sufrimiento creado por el fanatismo y la intolerancia. No vamos a idolatrar o atarnos a ninguna doctrina, teoría o ideología, por las que tengamos que pelear, luchar, matar o morir.

> Buda consideró sus propias enseñanzas como una balsa para cruzar el río y no como una verdad absoluta de la que colgarse o a la que adorar. Vivir en apertura nos facilita no encerrarnos, bloquearnos ni discriminar por las creencias. El colgarnos de los puntos de vista puede impedirnos llegar a una comprensión más profunda de la realidad.[85]

De la estrechez al diálogo

Seamos conscientes de que causamos sufrimiento cuando forzamos e imponemos nuestras creencias y pensamientos a los otros. Podemos imponerlos por autoridad, amenaza, soborno, propaganda, adoctrinamiento, dinero, intentando que el otro adopte nuestra manera de pensar. Vivir la libertad de pensamiento es respetar que los otros sean diferentes y elijan lo que quieren creer y basarse en qué van a decidir.

También es importante el compromiso de acompañar a los otros a salir del fanatismo y la estrechez con el diálogo compasivo y apreciativo.

Necesitamos practicar el **desapego**, es decir, no aferrarnos a ideologías y opiniones. El apego a los puntos de vista y a las percepciones erróneas surge de una mentalidad estrecha que no permite tener en cuenta al otro en toda su totalidad ni escucharlo en profundidad.

El no apego a nuestros puntos de vista nos abre a las perspectivas y experiencias del otro y nos enriquece personal y relacionalmente. El conocimiento que tenemos ahora está sujeto a los cambios, según las experiencias que vamos adquiriendo y, por ello, no es la verdad absoluta. El desapego de esas ideas y conceptos nos facilita entrar en diálogo con otros de forma fluida y sin necesidad de ir a la defensiva.

Sabiduría colectiva

Las prácticas relacionales son fundamentales para llevar a las organizaciones, familias, escuelas y comunidades, ahora inmersas en una cultura de mando y control, hacia culturas en las que se desarrollen y promuevan procesos dialógicos de aprendizaje que involucren a todo el sistema; es decir, que involucren a un mayor número de personas, compartiendo su visión, su saber y su experiencia, y, así, aportar mayor claridad al proceso de toma de decisiones al tener en cuenta la posible diversidad de voces implicadas en la organización, comunidad o familia. Esta práctica fomentará el bienestar, el compromiso y la responsabilidad compartida. Facilitará que emerja la sabiduría colectiva tan necesaria para que las instituciones, comunidades, congregaciones y organizaciones avancen y florezcan. Las prácticas relacionales son clave para sacarla a la luz.

Para involucrar a otros es necesario potenciar la actitud de ser inclusivo. Con las actitudes inclusivas, no separas, no rechazas, no discriminas por razones externas ni internas. Reconoces que cada uno tiene su experiencia, sus historias y sus conocimientos.

Con la práctica del mindfulness relacional, nos damos cuenta de que, en el corazón de cada ser, yacen la bondad, la belleza y la autenticidad. Lo despertamos, facilitando que lo mejor emerja en el otro, y lo incluimos abrazándolo en todo nuestro ser. Incluimos con ecuanimidad. No rechazamos el mal, pero, como san Jorge, lo gobernamos con la espada de la autenticidad; como la Dama de la Justicia, lo dominamos con entereza y estabilidad interior; como Nataraja, danzamos rodeados entre llamas y, aun así, mantenemos el equilibrio sobre un enano que simboliza lo ilusorio, los espejismos, lo que no es, lo falso e incluso la encarnación del mal..

Hay diferentes metodologías que contribuyen a que emerja la sabiduría colectiva, como son: The Circle Way, World Café, Art of Hosting y la Indagación Apreciativa.

La indagación apreciativa propone un proceso de escucha inclusiva y de participación colectiva para…

• Descubrir lo que da vida a un sistema, organización y equipos; descubrir las fortalezas y buenas prácticas.
• Encontrar las imágenes atractivas que impulsarán a las personas hacia el futuro soñado.
• Alinear los anhelos colectivos en planes de acción compartidos.
• Diseñar propuestas provocadoras que hagan de puente entre lo que es ahora y lo que nos gustaría que fuera.
• Desarrollar compromisos y prácticas para lograrlo.

Véase más desarrollado el para qué, el qué y el cómo se plantea y se logra en mi libro *Indagación Apreciativa.*

Cocrear en el presente

La única realidad es el instante creador.[86]

RAIMON PANIKKAR

Podemos comparar las prácticas de mindfulness relacional e indagación apreciativa con sesiones improvisadas de jazz, en las que los músicos se sientan o se ponen de pie para poder verse. Cada músico aporta un instrumento y su propio potencial y conocimiento. Cocrean en el presente desde un espacio de saber y de no saber: se escuchan mutuamente, compartiendo la toma de decisiones. Priorizan la conectividad, son conscientes y fluyen uno en el otro, del yo al tú, del tú al yo, de nosotros (los músicos) a todos (incluyendo al público), expresándose y cocreando sentido juntos.

Lo mismo podemos decir de la práctica de mindfulness relacional, en la que el participante está presente en el aquí y ahora, expresa su potencial, está abierto al saber y al no saber, escucha y comparte, cocrea y es consciente de lo que emerge del grupo. En vez de avanzar con planes rígidos de lo que se debe hacer o lo que debe ocurrir, estamos abiertos a hilar un plan colectivo escuchando en el presente lo que es aquí y ahora, y permitiendo que la sabiduría colectiva emerja. Aprendemos a construir sobre las ideas de los demás cocreando una realidad compartida. Somos capaces de cocrear en el presente cuando nuestra escucha es generativa.

Escucha generativa

Cuando escuches al otro, lo debes hacer más a fondo y ver detrás de o entre sus palabras, en sus silencios, para darte cuenta de qué proyecciones está haciendo, qué creencias está transmitiendo, qué historia personal hay detrás. Es un escuchar desde la presencia plena. Esta es la esencia de la meditación contemplativa. No es fácil porque a menudo escuchamos con filtros, como un mecanismo de autodefensa para no escuchar lo que no queremos.

También se trata de ser capaz de escucharte a ti mismo, de escuchar la vida, instante a instante, a medida que se despliega ante ti y en ti; escucharnos los unos a los otros más allá de la superficie de los pensamientos y las palabras. Estar plenamente receptivos a lo que está emergiendo. Es la escucha generativa en la cual llegas a experimentar que, a veces, no puedes expresar con palabras lo que sientes. Todo tu ser ha disminuido de velocidad. Hay una serenidad profunda. Te sientes más aquietado y presente, sientes que lo que emerge lo hace de tu ser que es más real y auténtico. Estás conectado con algo mayor que tú mismo, podríamos llamarlo cosmoteándrico (véase página 82). Esta forma de escucha te conecta con un espacio de lo más profundo de tu ser que quiere brotar desde el vaciarte del no-ser, desnudado de capas ruidosas y llegado a la esencia. Implica escuchar desde el campo que surge, de la posibilidad futura que está naciendo. Es acceder a ese fondo libre de pensamientos, a un espacio de vacuidad, desde el cual conectas con la posibilidad futura más elevada que pueda surgir, y que ya no es futura, sino que se va desvelando en el presente.

Nos escuchamos internamente y ya no nos distraemos buscando las respuestas fuera.

En este proceso de escucha, al final de la conversación ya no sois las mismas personas que al inicio –afirma Otto Scharmer–. Habéis pasado por un cambio profundo y sutil que os ha conectado con una fuente de saber más profunda, incluyendo el conocimiento de la mejor posibilidad y el mejor ser futuro.[87]

Solo es posible escuchar si nos abrimos y estamos dispuestos a recibir lo que nos sale al encuentro. Al escuchar–afirma Franz Jalics–, no somos nosotros los que determinamos lo que nos saldrá al encuentro. Al igual que una antena, nos aprestamos a recibir lo que llega, sea lo que sea.[88]

Mirar de frente, atravesar y disolver el sufrimiento

Hay muchas maneras de contribuir activamente a experimentar inquietud mental y sufrimiento. Sufrimos, frustrados, por lo que desearíamos que fuera y no es, por lo que deseamos que hubiera sido y no fue, por lo que deseamos que sea y no llega. Si además generamos pensamientos negativos y repetitivos y sentimientos que nos anclan en sentirnos víctimas, nuestro pesar aumenta.

A quien provocamos sufrimiento es, a menudo, a nosotros mismos, según lo que nos digamos internamente. ¿Cómo nos relacionamos con las voces interiores que nos generan sufrimiento? Es necesario saber distanciarse de ellas y darse cuenta de que son simplemente constructos mentales, que no son la realidad. Cuando estamos encallados, y para salir de lo viejo e incorporar lo nuevo, es necesario transitar por un proceso de «desengancharnos».

Así que la práctica trata de que…

• Cuides lo que piensas.
• Te trates con cariño.
• Detengas las historias innecesarias que te cuentas.
• Dejes de darle cuerda a los pensamientos negativos.
• Te centres en la respiración para salir del pensamiento discursivo.

Escribir lo que tus voces internas dicen puede servirte para aclararte y dejar de repetirte las mismas historias una y otra vez.

Cuando no solo nos causamos sufrimiento a nosotros mismos, sino que nos aferramos a lo que nos pasa, alimentamos el sentirnos víctimas. «Casi cada ego contiene algún elemento de lo que podríamos llamar "identidad de víctima". La imagen de víctimas que algunas personas tienen de sí mismas es tan fuerte que se convierte en el núcleo central de su ego. El resentimiento y los agravios forman parte esencial de su sentido del yo-ego».[89] A veces, nuestros pensamientos negativos son tan recurrentes que se vuelven adictivos. Nos volvemos adictos a causarnos sufrimiento y malestar. Nos provocamos conflictos innecesarios. Lo que ocurre es que…

> […] el sentido del yo característico del ego necesita el conflicto porque su identidad separada se fortalece al luchar contra esto o lo otro, y al demostrar que esto «soy yo» y eso «no soy yo». […] La necesidad de oponerse, de resistirse y de excluir está incorporada a la estructura misma del ego, ya que esto le permite mantener el sentido de separación del que depende su supervivencia. De modo que «yo» voy contra el «otro», «nosotros» contra «ellos». […] El ego necesita estar en conflicto con alguien o algo. Eso explica por qué buscas la paz, la alegría y el amor, pero no puedes tolerarlos

por mucho tiempo. Dices que quieres la felicidad, pero eres adicto a la infelicidad. En último término, la infelicidad no surge de las circunstancias de la vida, sino del condicionamiento de tu mente.[90]

El sufrimiento es la medida de cuánto nos hemos desviado de vivir desde el ser relacional en presencia plena y en autenticidad. A veces, no queremos ver ni reconocer el sufrimiento interno; huimos de él absorbiéndonos en las acciones. Lo tapamos con consumismo, juegos de azar, adicciones, acontecimientos deportivos, distracciones por internet. Tomamos decisiones por miedo a sufrir o para huir del sufrimiento, y dejamos situaciones por resolver. No afrontamos lo que nos ocurre, no nos permitimos sentirlo.

Darte un tiempo y un espacio para interiorizarte, para salir del hacer y entrar en el ser, te permitirá darte cuenta del yo narrativo que opera desde el yo separado. Solo dándote cuenta puedes salir de la noria y puedes recuperar tu poder interior para no permanecer emocionalmente devastado y mentalmente angustiado. Necesitamos asentarnos en nuestro «yo soy» del ser relacional para salir del ciclo traumático en el que a veces nos quedamos atrapados sintiendo malestar, culpa y sufrimiento.

El *cuerpo* también nos ayuda cuando lo escuchamos. El dolor corporal nos señala que debemos atender al cuerpo y, así, evitamos que el daño o la enfermedad se incrementen. El sufrimiento nos da el mensaje de que algo necesita de nuestra atención y cuidado. El sufrimiento emocional nos indica que quizá estamos aguantando algo que no deberíamos aguantar, quizá lo deberíamos soltar. Tal vez hemos de aprender a decir que no, a decir que sí, a poner límites, o tal vez debemos cuidarnos más; y necesitamos más silencio. El sufrimiento a menudo es una consecuencia, no una necesidad.

Al no *escuchar* lo que el sufrimiento nos señala, llega un momento en que se produce una grieta interna. Hemos huido de una *voz interior* que nos quiere comunicar algo. Acogiendo el sufrimiento, nos permitimos sentirlo y solo entonces podemos liberarlo. Asumiendo el sufrimiento, haciéndolo tuyo, sentirás de qué te está hablando. El sufrimiento indica la posibilidad de un cambio latente, una transformación que se puede dar a mayor profundidad. Cuando encontramos el sentido de nuestro sufrimiento, este se transforma. ¿Qué se mueve internamente cuando sufrimos?

Cuando estamos motivados por algo, atravesamos cualquier dificultad que se nos presente para lograr nuestro objetivo. *La motivación nos ayuda a avanzar.* Cuando la serpiente tiene que desprenderse de su piel vieja, escoge transitar entre dos piedras cercanas que la aprietan, la rascan y la ayudan a desprenderse de su piel. Ese tránsito le provoca dolor, pero la ayuda a desprenderse de lo viejo para dar lugar a lo nuevo. Es como un parto en el que se atraviesa un pequeño espacio para dar nacimiento a una nueva criatura. Es el final de un proceso y el inicio de otro. Y en ese tránsito sufrimos. Sufrimos generalmente porque no vemos la luz al final del túnel, sino que nos centramos en lo que debemos soltar y en el esfuerzo para llegar hasta allí. Si nos resistimos a atravesarlo, nuestro sufrimiento se incrementa, pues no soltamos lo viejo, que ya no nos aporta, ni damos espacio a lo nuevo, que quiere nacer.

La adicción a sufrir viene por varios motivos:

• Hemos creído en el mito de la separación durante mucho tiempo. Ponemos excusas e insistimos en que el problema está ahí fuera. Mantenemos creencias como que, si vives desde tu ser auténtico, no podrás tener éxito ni ser productivo; o bien que se necesita tiempo para meditar y no lo tienes; o que la gente no merece tu compasión, sino que merecen ser castigados y pagar por lo que han hecho.

• Soltar la insatisfacción incesante es liberador para el corazón, pero para el ego es morir.

• Sufrir nos da un sentido falso de pertenecer. Tememos soltar los condicionamientos que nos llevan a sufrir, cuando nuestra familia, amigos y cultura no están preparados para soltar. A veces nos aferramos a relaciones tóxicas o a acuerdos con otros que no nos benefician, en vez de cultivar una relación consciente con nosotros mismos y los demás.

Aprendamos a *no retener*, a atravesar el sufrimiento y a entregarnos al vacío que se abre ante nosotros cuando soltamos. Es un vacío liberador. Es la vida con toda su impermanencia. **Es la vacuidad necesaria para vivir la plenitud.**

Abrazar el sufrimiento, atravesarlo y mirarlo en profundidad nos ayudará a desarrollar *la compasión* y a encontrar vías para salir de él acogiéndolo, no negándolo ni huyendo de él. El sufrimiento puede tener un poder terapéutico y puede abrirnos los ojos para ver con mayor claridad lo que está ocurriendo; sin embargo, sufrir demasiado puede minimizar nuestra capacidad de amar. Por eso **es importante conectar con lo que nos da vida y nos hace florecer, para que el sufrimiento no nos hunda.** Debemos conocer nuestros límites y reconocer, como dijo Epicteto, que «no son las cosas que nos pasan las que nos hacen sufrir, sino lo que nos decimos sobre ellas».[91]

La práctica de la meditación contemplativa nos lleva a ser conscientes de los problemas del mundo. Nos hace conscientes de lo que ocurre en nuestro ser, en los otros y en el mundo. Lo que sucede en nuestro entorno y en el planeta también pasa en nuestro interior, y viceversa. Al ver esto con claridad adoptaremos una posición para actuar, no nos quedaremos parados. «Si no somos capaces de ver lo que sucede a nuestro alrededor, ¿cómo podemos ver lo que ocurre en nuestro ser?».[92]

Interser es darse cuenta de la relación que hay entre la naturaleza del ser y la naturaleza del sufrimiento, la injusticia, la guerra, el hambre y la opresión. Por este motivo, es importante no darle la espalda al sufrimiento, sino más bien mirarlo a la cara, y hacerlo porque nos hace humanos, nos conecta con la vulnerabilidad, amplía nuestra comprensión y potencia nuestra compasión. Aunque en el camino hacia la alegría de ser y existir vivamos la tristeza, el miedo, el dolor y el sufrimiento, sabemos que son temporales y que no forman parte de nuestra naturaleza intrínseca, de nuestro núcleo sano. Llega un momento en el que, al vivir en el ser y habernos despojado del no-ser, somos pacíficos y cocreadores de armonía en nuestro entorno. Y, cuando llegue ese instante, cuando vivamos la armonía y la no violencia que brota del ser, no provocaremos sufrimiento en nosotros mismos ni en los otros.

El sufrimiento nos indica que algo nuevo está naciendo. Si damos marcha atrás, se va infectando aquello que nos llama a ser transformado. Si lo miramos de frente, lo asumimos y lo atravesamos, cae lo viejo y nace lo nuevo. Es necesario fluir con la incertidumbre, ya que uno no sabe lo que ocurrirá después de soltar la piel. No sabe qué le espera después de ese cambio, y esa inquietud puede provocar falta de fuerza interior. Sin embargo, *desprenderse* de aquello que, cuando lo soltamos nos libera, nos fortalece y hace libres.

Cuando atravesamos el sufrimiento, nadie puede responder por el otro. El sufrimiento es intransferible. Uno se da cuenta de que el otro sufre y que no se puede hacer nada, más que ofrecerle compañía y estar a su lado. Sufrir por él o ella no lo alivia, más bien incrementa el sufrimiento del mundo, pues ya son dos personas más sufriendo. O bien eres tú quien sufres y los otros no pueden hacer nada más que estar a tu lado, ya que es tu sufrimiento, eres tú quien tiene que atravesarlo, es intransferible. Cuando uno quiere evitar que una mariposa sufra al salir del capullo y le abre el capullo para facilitarle el camino, la mariposa no atraviesa el capullo con su propia fuerza, y sus alas se debilitan y se muere. Es ella la que debe abrir y atravesar el capullo por sí misma para fortalecerse y poder volar. Cada uno tiene que atravesar sus piedras para soltar lo viejo, salir del capullo y fortalecerse en el tránsito hacia lo nuevo.

El sufrimiento nos ofrece la oportunidad de trabajar aquello que la herida ha provocado. El esfuerzo interno que realizamos a partir de él puede dar un buen resultado; o bien uno puede enquistarse en ese dolor, alargando el sufrimiento y haciéndolo agónico. Lo que retenemos queda enquistado y nos provoca un sufrimiento que lo impregna todo, lo ahoga y lo nubla todo.

Entregarse en el tránsito que implica el sufrimiento, sin eludirlo, logra que aquello que parece un obstáculo y una gran devastación se convierta en una oportunidad. Es la oportunidad de ser tú, de vivir desde tu ser relacional y de dejar de ser lo que no eres, dejar de ser aquello con lo que te has identificado y otros te identifican, que es el yo separado, el espejismo del yo, lo que no es ni eres. No es fácil dar este salto. La clave está en confiar. En un espacio de confianza se crean nuevos dinamismos liberadores, energizantes, que nos revitalizan y abren al sentido de vivir. Cuando nos convertimos en seres desconfiados, nos deshumanizamos, en cambio, la confianza nos humaniza.

La confianza nos humaniza

Para salir de la referencia del yo delimitado y aislado y pasar a la referencia del tú y del ser relacional, es importante transformar el miedo en confianza. El miedo te aísla, te separa y te debilita provocándote una inseguridad que puede paralizarte, puede llevarte a no tomar decisiones, a no entrar en acción y a no avanzar. El miedo surge de la autorreferencia egocéntrica: el ego teme morir, teme perder su identidad, teme dejar de existir. Cuando el miedo se apodera de ti, te encoges. Tu potencial disminuye. «Tienes miedo de lo que es. Tu destino es la plenitud. Pero tienes miedo de perder lo que crees que es tu identidad».[93]

Desarrollas confianza cuando te conoces más y mejor. Para eso necesitas escucharte, sentirte, vivir en el presente, salir de la mente discursiva y del yo narrativo. Con la práctica del mindfulness relacional, desarrollas la confianza en ti, en el Tú eterno, en el otro, en la forma y en los procesos que estás viviendo. Confiar en tus fuentes vitales te ayuda a:

- No preocuparte tanto por las opiniones que los demás tienen sobre ti.
- Saber que puedes.
- Saber que el universo te enviará ayuda cuando la necesites.
- Confiar en la vida y en todo tu potencial.
- Confía y ábrete para florecer junto a los otros.

A fin de recuperar la confianza y aliviar el sufrimiento, *crea tiempos y espacios para tomar perspectiva* respecto a lo que vives. Toma distancia de manera que no te ahogues en ello y así fortalezcas tu confianza.

Con la práctica de la consciencia plena y de la meditación, generas una actitud que te permite reconocer y aceptar el sufrimiento y atravesarlo. Lo atraviesas manteniendo tu visión y tu compromiso con tu propósito de vivir en el ser y dejar de ser lo que no eres. Confías y, al confiar, dejas espacio para que el universo y la ayuda vengan a tu encuentro. Al distanciarte de las historias negativas, dramatizadas, exageradas, que cuenta la gente o te cuentas a ti mismo, en definitiva, al tomar distancia del ruido inútil, puedes dar un paso hacia dentro y, ahí, en el silencio, recibes la vida, la belleza, lo que es, el *atman*, el núcleo positivo y el núcleo sano. No es una distancia de huida, sino que es un acercarte a ser lo que eres. Es practicar la interconexión y la conciencia cosmoteándrica en la que estás acompañado por la abundancia de la naturaleza, por el Teo, la fuerza de la fuente divina y por lo mejor de lo humano.

La acción compasiva y canalizar la rabia

> La compasión es el agua dulce que brota
> de la fuente del entendimiento.[94]
> THICH NHAT HANH

No hagas suposiciones ni saques conclusiones de todo precipitadamente. Al hacerlo, crees que lo que supones es cierto y creas una realidad sobre ello. No siempre es positiva ni guiada por el amor. Ten la valentía de preguntar, aclarar y expresar lo que quieres. Comunícate con los demás tan claramente como puedas para evitar malentendidos, tristeza y otros dramas. Con solo este acuerdo puedes transformar tu vida.[95]

Viendo los problemas y el sufrimiento que nos invaden, he llegado a la conclusión de que para cuidarnos y cuidar de las relaciones y del planeta es fundamental vivir la compasión. La compasión surge de un amor profundo y de comprender al otro. Quizá no lo entendamos, ni es necesario entenderlo desde la mente lógica racional, pero nuestra comprensión surge de la presencia que abarca al otro en todas sus dimensiones. En la compasión, uno no se contagia del sufrimiento del otro ni siente pena. Si dejas que el sufrimiento del otro te invada, te costará ayudarle. «Es necesario generar una cultura de la compasión no solo como deber ético, sino para cultivar la confianza como forma de ser, estar y relacionarse en el mundo».[96]

La ira bloquea la comunicación y crea sufrimiento. Las semillas de la ira yacen en nuestro interior. Debemos disolverlas. A veces nos sentimos bien y en paz, pero quizá las semillas de la ira siguen latentes en nosotros y explotan en algún momento provocadas por una situación o una persona. Cuando la rabia empieza a surgir, podemos transformarla siguiendo nuestra respiración, percibiendo el aire que entra y sale. Si no podemos transformarla de inmediato, es mejor dejar la situación y refugiarse en el caminar contemplativo. Ve a un jardín, un parque, un bosque o a la playa y camina, corre o baila. También puedes escribir o dibujar tu rabia, soltándola en un papel. Lo ideal es transformar la energía apasionada de la ira en compasión, que es amor más profundo y amplio, lleno de energía divina.

Cuando estemos enojados y enrabiados, comprometámonos a callar no para reprimir, sino con la idea de canalizar la rabia de forma más saludable para cuidar de nuestras relaciones. En momentos así, dediquémonos a respirar, caminar, reconocer y abrazar nuestra ira. Entrando en el silencio, si detenemos la actividad de pensar, hablar y actuar, se abrirá en y ante nosotros un espacio para que veamos y comprendamos. No se trata de reprimir, sino de soltar sin herir, dejar de darle cuerda a nuestros discursos internos, aquietar el ser para ver y escuchar con claridad la voz de la intuición, la voz más profunda que surge del silencio y no de la elaboración mental e intelectual. Escribir y dibujar lo que sientes puede ser de ayuda para vaciarte de ello, expresándolo.

Aprendamos a mirar con compasión a aquellos de quienes pensamos que son los causantes de nuestra rabia. Mirar con compasión no es mirar desde el «¡Ay, pobre!», sintiendo pena por el otro. Mirar con compasión es ver que el otro está atrapado en sus sombras, en su yo separado, en su ignorancia, y que actúa desde ahí. Él o ella también es un ser relacional con su núcleo sano luminoso, aunque esté tapado y escondido detrás de corazas. Véase el apartado «Ampliar la mirada y cuestionar las suposiciones» (en la página 135). Practicar la mirada con profundidad es la medicina básica para la ira y el odio. Durante la meditación podemos iluminar, desde la conciencia, el núcleo sano, nuestros sentimientos desagradables e identificar así sus raíces.

El amor y la comprensión nos acompañarán en el cambio de la relación para que esta sea más saludable. La meditación contemplativa nos lleva a comprender que el causante de nuestra rabia está influido por una serie de creencias, miedos, acontecimientos, expectativas y suposiciones, y por nuestras maneras egoicas de relacionarnos.

Como ya he comentado, la presencia de ciertas personas en tu vida puede hacerte olvidar el dolor. Cuando un buen amigo o una buena amiga te mira a los ojos y te transporta a un espacio de ternura y de aceptación, en un instante se disuelven tus temores. En ese momento dejas de culpabilizarte y de buscar culpables. Ha actuado la energía de la consciencia amorosa a través de la mirada. Ha actuado el amor profundo que acepta y no juzga, es decir, la compasión está presente.

Con la compasión mantienes la intención y la capacidad de mitigar el sufrimiento y aliviar el dolor. Para lograrlo, observa y escucha con atención. Establece una comunicación profunda, es decir, real, en la que te comunicas con el cuerpo, con la mirada, con el sentir y con la mente. En tu presencia comunicativa, la otra persona se siente mejor. Cuida de tus pensamientos, palabras y acciones.

Una *palabra* puede aportar consuelo y confianza, puede ofrecer claridad para tomar una decisión y puede ayudar a alguien a no entrar en un conflicto. Una palabra adecuada en el momento preciso abre la puerta hacia la liberación. La persona que la escucha se siente aliviada.

Una *acción* puede salvar la vida de alguien. Puede ayudar a otro a dar un paso decisivo en su carrera profesional o en su vida personal. Una acción puede ser como una caricia para la otra persona.

Un *pensamiento* apropiado conduce a las palabras y acciones adecuadas. Cuando vives la compasión, tu presencia, tus pensamientos, palabras y acciones son transformadoras.

La compasión es como una medicina que cura. Cura el corazón de sentir desiertos de soledad y aflicción. Cura la mente de pensamientos negativos invadidos por la ira, la tristeza y el miedo. Cura los traumas del pasado al acoger el sufrimiento y suavizarlo para liberarlo. Cura las relaciones entre personas, entre comunidades y entre pueblos, reconciliando con el perdón, la comprensión y el diálogo.

La compasión forma parte de los cuatro elementos inconmensurables del auténtico amor: el amor, la compasión, la alegría y la ecuanimidad. Los budistas los consideran antídotos para los estados mentales negativos, como la avaricia, la ira o el miedo. Para Thich

Nhat Hanh, «son inconmensurables porque, si los practicas, crecerán
en ti cada día hasta llegar a contener el mundo entero. Tú serás más
feliz y la gente que te rodea también lo será».[97]

Vida sencilla y consumo

Otra práctica del interser radica en vivir una **vida de sencillez.** Vivir siendo conscientes de que la felicidad está enraizada en la paz,
la libertad, el amor, el respeto, la compasión y el estar centrados en
el núcleo sano de nuestro ser. Esta conciencia nos lleva a ver con
claridad que nuestra meta no es acumular riquezas ni fama mientras
millones de personas están hambrientas.

Seremos consumidores responsables y no introduciremos toxinas
(exceso de alcohol, drogas ni otros productos que contengan toxinas)
en nuestro cuerpo ni en el cuerpo colectivo. El consumo responsable
también implica vivir sin causar violencia en el entorno, en los animales ni en la sociedad. Se trata de ser conscientes de las realidades
globales a nivel económico, político, social y medioambiental, tanto
en la manera de consumir como en el estilo de vida e inversiones.
El carnicero no es el único responsable de matar a los animales y
favorecer el calentamiento global en sus granjas. Los mata porque
nosotros compramos trozos de carne cruda, empaquetada en plásti-
co, en el supermercado o la consumimos cocinada en el restaurante.
Así pues, el acto de matar es colectivo. Todos estamos implicados.

Vivir una vida de sencillez te libera de presiones innecesarias.
Muchas personas viven bajo presión porque intentan alcanzar un
listón de posesiones, poder, posición social, etcétera, que requiere
un gran esfuerzo y las deja exhaustas, estresadas y ansiosas. Por el

camino pierden amistades y aparecen las enfermedades. Vivimos bajo la ansiedad de tener que pagar hipotecas, y, para mantener el nivel de vida, estamos metidos en una rueda en la que no paramos de dar vueltas. Con menos, podemos ser más felices y disponer de más tiempo para descansar, contribuir, ayudar, colaborar y gozar de manera sencilla. Si uno tiene riquezas, vivir en sencillez es utilizarlas conscientemente, sin derrochar y compartiendo. Lo lograremos pasando de la conciencia del tener y acumular al ser.

Otras prácticas del interser incluyen **vivir en el momento presente** desde la alegría, con el compromiso de no perderse en lamentos por el pasado.

Comunicarse y ser conscientes de la comunidad. La falta de comunicación lleva a la separación y al sufrimiento. Hay que esforzarse en mantener los canales de comunicación abiertos, reconciliarse y escuchar.

Hablar con dulzura, de forma **sincera y honesta**, cuidar nuestras palabras.

Vivir con reverencia por la vida, con generosidad y con la conducta adecuada.

15. Del tener al ser

Vivimos momentos de incertidumbre en los que la inseguridad a menudo se apodera de nosotros. Tenemos mucho y de todo; podemos elegir. Aun así, la insatisfacción parece ser una constante. La sociedad de consumo ha creado una cultura de acumulación y materialismo en la que, por muchas cosas que poseamos, estas no nos satisfacen. Es un espejismo que genera en nuestro interior una satisfacción aparente. Ahora bien, cuando miras en el espejo de tu corazón encuentras tristeza, sufrimiento, vacío o insatisfacción.

Hemos pasado, en pocas décadas, de mantener relaciones de compromiso y responsabilidad a otras de deseo y placer. Las relaciones han pasado de ser a tener, de manera que ahora la tienes y mañana la cambias por otra. Hay poca voluntad a la hora de trabajar para mantener una relación, sea a nivel personal o laboral. Si no me funciona, la dejo y la cambio por otra. No invertimos tiempo y recursos en explorar las posibilidades de mejora. Por lo general, no afrontamos; no toleramos; no somos compasivos; no tenemos paciencia; huimos y separamos. Y esto, de alguna manera, perpetúa la insatisfacción.

A veces es necesario dejar una relación porque uno se ahoga en ella. Otras es mejor atravesar «la crisis» porque nos da la oportunidad de agrandar nuestro corazón, nuestra capacidad de amar, escuchar, ser pacientes, perdonar. Gracias a ello somos mejores personas.

Pasar del tener al ser nos ayuda a adaptarnos al cambio. La vida es cambio, a cada instante hay cambios. La Tierra está girando constantemente, nada está quieto, nada es permanente; todo cambia. Sin embargo, ¡cuánto nos cuesta aceptar los cambios! Cuando te gusta algo, quieres que permanezca así. Tienes que aprender a que te guste en su proceso de cambio. Por ejemplo, conoces a una persona, te gusta como está, te gusta como es, y quieres que siempre sea así. Pero esa persona cambia y tú también. Adaptarte al cambio es importante para no frustrarte. La adaptación continua te permite seguir gozando de cada instante.

> En la realidad cambiante no hay ni punto de referencia ni certezas. Como el mundo real está en continuo cambio, no hay seguridad. Cuando la realidad nos lo demuestra con brutalidad (como cuando perdemos a una persona querida), entonces nos vemos obligados a ver la realidad como es por un instante: dentro del puro dolor vivimos la iluminación.[98]

Pero un instante después, por un mecanismo de autodefensa, recaemos en la ilusión de permanencia y seguridad. Es nuestro apego el que nos da la ilusión y la creencia en el espejismo de que hay puntos de referencia y seguridades. Al dejar de lado el apego, podemos abandonar las seguridades.

Podríamos resumir estas seguridades en las ocho «pes»: posición, propiedad, paga, privilegios, prestigio, poder, persona y puesto. Son seguridades aparentes que vienen y se van, y, luego, aparecen otras que también se irán. Son como un río en constante movimiento. Si intentamos detener el fluir del río, creamos una presa, se estanca el agua y provoca una presión que se va acumulando en nuestro interior. Vivimos bajo la presión del tiempo, los plazos, de lo que hay que hacer, pero sobre todo la presión que nos provoca el miedo a lo que pudiera a ocurrir, miedo a lo que podríamos perder o que sentimos que estamos perdiendo ya.

Actuamos desde el miedo, la inseguridad, el apego y el aferrarnos porque tenemos miedo a perder, porque basamos nuestra identidad y nuestra autoestima en el tener, en el poder, en los privilegios o en nuestras propiedades. Perderlos supone una amenaza a nuestra autoestima. Ante esta dinámica del comportamiento humano, necesitamos confianza, creatividad y coraje. Ir hacia el interior, saber reflexionar y dejar de buscar culpables fuera. Asumir la responsabilidad y saber soltar. Todo lo que realmente necesitamos vendrá a nuestro encuentro, no tenemos que aferrarnos a nada.

Nuestra seguridad está en el ser. Debemos ir hacia dentro, conectar con todos los tesoros internos, nuestros valores, y vivirlos. Vivir de dentro hacia fuera. Vivir y expresar nuestros valores. Esto nos da la seguridad de que poseemos los recursos internos necesarios para adaptarnos sin hundirnos en los mares agitados de una realidad en constante cambio y movimiento.

Para decidir con lucidez debemos estar alineados. Y para estar alineados, pasemos de estar aferrados a «tener» a vivir en plenitud, en el ser relacional, fluyendo en la impermanencia, aceptando lo que ES, gozando de ser en presencia plena. Confía.

16. No tomarte nada personalmente

Cuando nos tomamos las cosas personalmente, potenciamos la burbuja del yo separado. Fortalecemos la autorreferencia. Incluso cuando el otro no tiene ninguna intención de dañarte con lo que dice o hace, tú te lo tomas personalmente. No eres tan importante como para que la gente esté centrada en fastidiarte y hacértelo pasar mal. Al ser capaz de no tomarte las cosas de manera tan personal, estás en condiciones de ver con mayor claridad. Ves el gran cuadro y te ves a ti en el gran cuadro: cosmoteándrico. Tú en el todo y el todo en ti.

La actitud positiva, la precaución y el no tomarte las cosas a nivel personal te protegen. Aprende a protegerte de las malas ondas de los otros y de los entornos tóxicos. Puedes lograrlo comprendiendo al otro, o bien aceptando que eres responsable de tu propia ira y no de la suya. Observa, cuestiona tus suposiciones, esas que crees que son ciertas, y mejora tus respuestas. Asiéntate en tu poder espiritual interior que está conectado con el Todo y, por lo tanto, es un manantial de vida.

Seguir el acuerdo de Miguel Ruiz es sabio: «No te tomes nada personalmente. Respecto a la opinión ajena, para bien o para mal, es mejor no depender de ella. Todos tenemos visiones distintas del mundo, no podemos saber si la otra persona a lo mejor tuvo un mal día. Todo el bien o mal que pudiese generar alguien, primero se lo está provocando a sí mismo».[99]

17. Conectar con tu «yo futuro»

Conectar con tu «yo futuro» puede ser útil en algunos casos. Cuando te sientes encallado frente a un reto, un desafío o una situación que te desborda, puedes preguntarte: «¿Qué haría mi yo futuro en esta situación? Si pudiera llegar lejos al futuro y tener una conversación con él, ¿qué me ofrecería ahora?». El yo futuro ya habrá ido más allá de esa situación y, confiando en ella, en la persona que voy a ser en el futuro, surge una sabiduría interior que me ayuda a moverme más allá de la pequeña perspectiva en la que estoy atrapada, y accedo a perspectivas que surgen de mi ser ampliado. Esto me ayuda a recordar que mi ser entero y completo ya está aquí. El yo del futuro, en realidad, está aquí, en el presente. Lo que necesito hacer es alejar mi atención de los condicionamientos y dirigirme a mi esencia, conectado con mi sabiduría innata, que es la sabiduría del todo.

Para conectar con tu yo futuro puedes practicar una visualización. Primero te dispones a entrar en un espacio meditativo en el cual te relajas. Una vez que te sientes ya presente y relajado, te imaginas que haces un viaje al futuro. Han pasado diez años y te encuentras con tu «yo futuro». Escuchas lo que quiere compartir contigo desde su sabiduría. Incluso puedes preguntarle qué te aconseja. Puedes escribirlo. Lo ideal es que alguien te haga la visualización.

18. Vive plenamente

Vivir el momento presente no trata solo de estar aquí y ahora, sino que nos plantea desde qué presencia y desde qué actitud estás presente. Viviendo en el verdadero amor, siempre serás hermoso. El amor te hace florecer y ser la mejor versión de ti mismo. Si lo que surge es sufrimiento y otra versión de ti mismo ensombrecida, es señal de que debes retomar el camino hacia tu belleza interior y tu ser relacional auténtico.

- Practica la consciencia plena para eliminar lo que te provoca pesar.
- Conecta con tu poder interior, despégate y despega.
- Medita, silencia la mente ruidosa.
- Escucha el silencio y sentirás que está lleno de vida.
- Pregúntate qué te hace sentir pleno, para qué haces lo que haces. Las respuestas te servirán de guía para vivir plenamente.

Comparto aquí algunas actitudes que, si las cultivas, pueden ayudarte a vivir aquí y ahora en plenitud.

Vive abierto

- Abierto a percibir el todo.
- Abierto a dejar que la abundancia fluya en ti.
- Abierto a soltar lo que no es tuyo, ni nunca lo fue.
- Abierto a la aventura que te da la vitalidad para vivir en la incertidumbre del momento presente.

- Abierto al amor, abierto a compartirlo y a recibirlo. Si sientes que no recibes amor, dátelo a ti mismo y compártelo. Verás que llegará a ti. Sal de tu yo carente y conecta con la abundancia. Lo puedes hacer en la meditación y también puedes salir al mundo y actuar desde el amor.
- Abierto a lo que la vida pone frente a ti. No rechaces. No te encierres en tu caparazón.
- Abierto al Todo.
- Vives en presencia plena.
- Sabes cuándo y cómo protegerte. La protección no se convierte en un encierro ni en una huida. No abandonas. En esta apertura, la presencia plena puede transportarte a una realidad sutil, sublime, trascendente.
- Te sientes canal. Canal de una energía pacificadora y sanadora, que es amor, que es paz. Te conviertes en un instrumento para transmitir esa energía sanadora al mundo.
- En tu apertura, estás protegido de las presencias nocivas, como el sol sigue brillando a pesar de las nubes y acaba disolviéndolas, o sabe esperar a que el viento las disuelva. Es una apertura en la que estás centrado en tu eje, en el núcleo sano, y brillas. Recuerdo aquí las palabras de Marianne Williamson citadas en el discurso inaugural de Nelson Mandela:

> Nuestro miedo más profundo no es que seamos inadecuados. Nuestro miedo más profundo es que seamos poderosos más allá de cualquier medida. Es nuestra luz, no nuestra oscuridad lo que nos asusta.
>
> Nos preguntamos a nosotros mismos: ¿quién soy yo para ser brillante, maravilloso, con talento y fabuloso?
>
> Realmente, ¿quién eres tú para no serlo? Eres un hijo del Señor.

Hacerte pequeño no le vale al mundo. No hay nada inteligente en sentirse inferior para que otras personas no se sientan inseguras alrededor de ti.

Nacemos para manifestar la gloria de Dios que se encuentra en nuestro interior.

Y no solo está en algunos, está en todos.

Al facilitar el brillo de nuestra propia luz, le permitimos la misma gloria a los demás de forma inconsciente.

En cuanto nos liberamos de nuestro miedo, nuestra presencia libera automáticamente a los demás.

Involúcrate

Una persona que vive en consciencia plena no se queda ensimismada. El ser relacional se involucra en los asuntos del mundo, muestra interés por mejorar la sociedad, las relaciones y el medio ambiente, y los cuida. Cuida de sí mismo y de las relaciones. Ama a los animales y las plantas. Actúa con paciencia y determinación. Se involucra allí donde es necesario, pero no se enreda, no se queda atrapado en las situaciones ni en las personas. Actúa con poder de presencia transformadora, actúa desde las fortalezas y el poder personal.

Vive desde las fortalezas

Cuando vives desde las fortalezas y no desde las carencias, vives desde el núcleo sano, tu núcleo vital, y la narración sobre lo que te sucede cambia completamente. Y al utilizar otro lenguaje y centrarte en lo que te fortalece y da vida…

[…] se modifica lo que hacemos, ya no nos sentimos tristes ni lloramos en la habitación solos cuando nuestro hijo no nos habla, ya no le recriminamos su actitud, sino que lo abrazamos. Ya no le tenemos miedo a nuestro jefe, sino que podemos ponerle límites, renegociamos los acuerdos, entendemos también que él está presionado. Se está modificando completamente nuestra escucha y reconocimiento de la situación. Nuestra manera de hacer las cosas se va transformando, y esto genera resultados sobre lo que los otros también hacen y sobre lo que los otros dicen, porque nuestro cambio altera todo el sistema, sea familiar, profesional o social. Cuando nosotros iniciamos el desbloqueo, todo se modifica. Tiene consecuencias en el otro porque muchas veces nuestro marido, esposa, jefe, hijo se han acostumbrado a tratarnos de cierta manera, y ahora todo es distinto.[100]

Ten el valor de ser humilde

Humildad es tener valor y estar abierto al aprendizaje y a lo que puede aportarte el otro. Cuando tienes la humildad de ver tus debilidades, entra la valentía. En la humildad no te identificas con el yo limitado. No eres narciso. Estás desapegado de ti mismo. Desapegarte de ti es un ejercicio de gran humildad y voluntad porque, al hacerlo, sientes que tu ego muere y emergen resistencias de todo tipo. Con humildad las superas. No entras en cuestionamientos de por qué ni por qué a mí, sino que transformas desde el poder personal, asentado en tu núcleo sano desde el silencio, vivo y creativo, y desde la aceptación de lo que es. Pueden ayudarte las siguientes preguntas:

- ¿Para qué?
- ¿Cuál es el siguiente paso?

- ¿Qué es lo sabio ahora?
- ¿Qué espera la vida de mí?

Sé apreciativo, agradecido y alegre. La gratitud te abre al momento presente

Apreciativo es ser amable. La práctica en presencia plena desarrolla el ser más amable con uno mismo y con los otros. Se trata de desarrollar una mente *heartful* y un corazón *mindful*: una mente con corazón y un corazón sabio. La práctica es multidireccional: de uno hacia los otros; de los otros hacia uno; de uno mismo hacia uno mismo; del Todo hacia uno mismo, y de uno mismo hacia el Todo.

- Aprecias las pequeñas cosas.
- Aprecias lo que tienes y lo que eres.
- Aprecias la belleza de todo lo que te rodea.
- Aprecias al otro y su presencia en tu vida.
- Aprecias la vida y lo vivo.
- Lo reconoces, lo expresas y lo transmites.
- No esperas a que el otro falte para darte cuenta de lo que tenías que haber apreciado mientras vivía.
- Aprecias lo vivido. Aprecias las lecciones que la vida te ha dado y a través de las cuales tus ojos se han abierto, tu mirada ha cambiado, tú has mejorado y has crecido. Te has fortalecido gracias a estas experiencias; las aprecias y las agradeces.
- **La gratitud te abre al momento presente.** Las quejas, por el contrario, te encierran en un pasado que ya pasó. Las quejas surgen del yo separado que vive en la carencia y en la insatisfacción porque nunca tiene suficiente.

- Date cuenta de todo lo que tienes que agradecer. Haz una lista y escríbela, y verás que hasta te faltan palabras de tanto que hay en tu vida y en tu historia de vida por apreciar y agradecer.

Agradeces:

- A tus padres por haberte dado la vida, a sus padres, tus abuelos, por haberlos engendrado.
- A tus maestros por ayudarte a crecer.
- A tus amigos por estar a tu lado.
- A tu cuerpo por estar presente.
- A las enfermedades que te han hecho parar y darte cuenta.
- A las personas que te han puesto a prueba, pues han fortalecido tu paciencia, tu tolerancia, tu capacidad de amar, tu habilidad para poner límites o no ponerlos.

Con esta práctica, el agradecimiento inunda tu ser. Tu corazón danza de alegría. El agradecimiento que sientes es inmenso.

- Estás vivo.
- Estás aquí.
- Respiras.
- Da las gracias.
- Celébralo.
- La humanidad tiene que ver con la alegría, y la alegría tiene que ver con la gratuidad y con la gratitud; es decir, con la conciencia del don; en definitiva, la existencia nos ha sido dada y es don. Abraza la vida.

Generosidad y abundancia

No puedes recibir lo que no das. Lo que crees que el mundo te niega, ya lo tienes, permite que salga de ti, o, si no, no sabrás que lo tienes. Invócalo para que emerja. Jesús ya dio la clave de esto cuando dijo: «Cuando oréis pidiendo algo, creed que se os concederá y os sucederá» (Marcos 11, 25).

Una presencia generosa comparte. Cuanto más amor compartes, más amor tienes. Cuanto más generoso eres, más retorno recibes. Podemos seguir el ejemplo de Gayatri que explica: «Cuando deseo algo, me pregunto qué es lo que puedo dar. Si, por ejemplo, quiero paz en el mundo, la pregunta es: ¿cuál es mi contribución a esa paz? Si quiero amor, ¿cuál es mi contribución al amor? No somos seres vacíos, tenemos un porcentaje en nuestro interior de lo que deseamos».[101] Al compartirlo, empieza a emanar y a crecer. Al compartir desde tu interior, emergen los tesoros que albergas.

La presencia generosa es la expresión de la abundancia del ser. No se trata de tener mucho, sino de ser y vivir en la conciencia de la abundancia. La naturaleza opera desde la abundancia. Sientes la abundancia desde la confianza de que todo lo necesario saldrá a tu encuentro. Confiar te ayuda a ser generoso. Eres creativo ofreciendo lo mejor de ti. Eres generoso, confías en la abundancia que yace en ti y que el universo te/nos brinda. Al dar, te das cuenta de todo lo que yace en tu interior. Y, a cada paso que das, encuentras plenitud. Quizá pensabas que, al dar, te ibas a vaciar, pero **cuando das y te das, la plenitud viene a tu encuentro**.

Con generosidad, tu actitud es benevolente y surge de tu intención de aportar beneficio, de beneficiar y beneficiarte. No en el sentido de avaricia por tener y poseer, sino por…

- Dar lo mejor y aportar bienestar.
- Ofrecer una mano amiga cuando es necesario.
- Distanciarte cuando tienes que dejar espacio para que el otro se aclare por sí mismo.
- Estar presente sin abandonar.
- Quieres lo mejor, pero no fuerzas ni asfixias al otro.
- Respetar el hecho de que tiene que andar su camino y encontrar por sí mismo lo mejor para él o ella.

Atrévete y amplia horizontes

La práctica de la meditación contemplativa te acompaña a cruzar diferentes moradas o lindares, y tu conciencia se va expandiendo. Amplías horizontes. Te atreves. No temes el silencio porque ya no temes la muerte.

Vives abierto, dispuesto a sorprenderte, maravillarte, indagar, descubrir y aprender; a tener la valentía de ser quien quieres ser; a intentar algo diferente, salir de la zona de confort y cruzar las barreras de la pereza y el conformismo.

Tu espíritu aventurero no es temerario, sino sublime. Sabes que, para elevarte, no necesitas drogas ni sustancias.

Con apertura te dejas llevar por la energía trascendente que es dicha, es amor, es puro gozo.

Es una actitud renovadora. No te encallas ni te quedas anquilosada. Si te sientes encallada, o vives una situación como bloqueada, puedes preguntarte lo siguiente:

- Si no hago nada, ¿qué puedo perder?
- ¿Qué puede pasar si no hacemos nada?

- ¿Qué consecuencias podría tener para mi presente y mi futuro el no hacer nada?

Y:

- ¿Cuáles serían las consecuencias respecto a mi trabajo y mis relaciones?
- Y si me atrevo y actúo, ¿qué oportunidades pueden abrirse?
- ¿Cuál es la prioridad vital en estos momentos?
- ¿Quién me puede ayudar?

Busca salidas y busca para encontrar lo mejor. Lo mejor cambia según el momento. Lo que ayer era mejor hoy quizá es diferente. Eres creativa y creadora de espacios llenos de oportunidad y posibilidad.

Renueva la mirada y la actitud, para ver más allá de los horizontes limitantes.

Sanadora

Cultiva una actitud sanadora. En presencia serena, no creas pensamientos enfermizos ni atmósferas de rumores desgastantes. Tus pensamientos elevan, tus palabras ofrecen esperanza y tu actitud provoca espacios seguros donde la confianza emana la posibilidad de ser y estar bien.

Una presencia curativa se da, por ejemplo, cuando un médico, o una persona que sabe cuidar, te coge la mano y te transmite una energía sanadora que alimenta tu esperanza. Te dice unas palabras que son como un bálsamo para tu ser. En ese contacto hay alquimia y tu dolor empieza a disolverse.

Para que tu presencia sea sanadora, y así alivies el sufrimiento de alguien, ten un corazón generoso. No es necesario que des consejos. Tu presencia es una ayuda. Con tu presencia, emite vibraciones de calma y amor, no de temor. Confía. Puedes practicarlo, aunque no estés delante de la persona que sufre. Tus vibraciones viajan a través del espacio y llegan. No sufras porque la persona sufre. Un corazón que sufre difícilmente sanará a otro corazón que sufre.

El cuerpo nos da una gran lección: cuando nos colocamos en una postura, una *asana*, en la práctica del *hatha yoga*, debemos permitir que el cuerpo se relaje, así se estira y la musculatura colabora extendiéndose y entrando en la postura deseada. Si estamos ansiosos y forzamos, el cuerpo se resiste. En cambio, relajando, el cuerpo se abre de manera natural desde dentro y permite que nos soltemos en un estiramiento completo. Con menos esfuerzo logramos más. Una forma de relajar el cuerpo y hacerle sentir confianza es prestándole atención.

Te propongo una visualización para calmar el dolor corporal. Cuando logres que tu presencia sea curativa para ti mismo, podrás confiar en tu capacidad de tener una presencia curativa para los demás.

Con la visualización, puedes trascender el dolor. Desde la aceptación, con una actitud positiva y con práctica, puedes crear un estado en el que no te influya el malestar causado por la enfermedad. Además, con esta práctica facilitas el proceso de curación. En la parte IV del libro encontrarás la visualización para sanar, tanto escrita como grabada para que la puedas practicar.

19. Comunidades de práctica

La mayoría de las personas que conozco y que meditan afirman que sus meditaciones son mejores, más profundas y más transformadoras cuando meditan en grupo que cuando meditan solas en casa. Esto confirma el poder de lo relacional y de la presencia compartida. Al meditar en grupo generamos un campo que nos sostiene y nos traspasa, que nos ayuda a trascender. Se crea un sentido de pertenencia y una experiencia compartida. Nos centramos más.

Las comunidades de práctica pueden ser temporales o duraderas en el tiempo. Nos ayudan a florecer juntos. Nos empapamos unos de otros en la práctica de la presencia plena. Se genera un vínculo en el grupo que es un sentimiento y no un pensamiento o idea.

La intensidad de la atmósfera que se crea entre todos es lo que quizá es más transformador. Cuando resonamos en el grupo, cocreamos en el ser relacional, disolviendo las delimitaciones del yo separado, y nos encontramos en un terreno fértil para cocrear juntos muchas posibilidades de acción. Creamos un entorno en el que la sensación de calma y seguridad lleva al grupo a responder con un compromiso social –hacia el bien común–, que se refuerza mientras se manifiesta en los sistemas de resonancia y neuronas espejo en el grupo.

Creamos un sentido de las palabras «participante», «grupo», «comunidad», «amistad», como posibilidades de ser relacionales. Nos centramos en la vivencia de lo que nos une y vincula.

¿Cómo comprendemos la experiencia de ser *mindful* juntos?

¿Cómo comprendemos la rica experiencia no verbal de estar juntos con participantes en un aula, en una sala o en un espacio virtual meditando en silencio?

En las comunidades de práctica nos centramos en la práctica relacional de lo que se da en el momento presente. Es una práctica relacionada con tu potencial, ese que brota al estar junto a otros, con tu experiencia, que es más transformadora al ponerla en común. Al compartir el silencio en comunidad se da la apertura: conectas con lo que sabes y con lo que no sabes. Se despierta la compasión: sientes, escuchas al otro, cocreas con el otro. Escuchas, percibes y sientes el futuro que te espera y que se hace presente en el ahora. Entre los participantes presenciamos qué es lo que emerge: es una conciencia, una *awareness*, colectiva.

Al estar juntos, nos empoderamos, florecemos y salimos al mundo desde nuestro ser relacional para, con nuestra presencia plena, influir positivamente en el mundo y en la transformación necesaria ahora. Al estar juntos, también somos más conscientes de nuestros yoes separados, de cuándo operamos desde la mente de la separación, y esto nos ayuda a transformarlo. Ya que, como hemos visto, solo cuando nos damos cuenta podemos avanzar, soltar, dejar ir y dejar llegar.

Para la verdadera transformación, necesitamos vernos en el espejo, y para ello la comunidad es necesaria. El construccionismo social nos enseña la importancia de tener en cuenta las diferentes miradas y perspectivas con el fin de ser conscientes de cómo construimos y narramos la realidad. Compartiendo nuestras perspectivas diferentes sobre lo que es, creamos una visión y experiencia colectivas más reales que las que pueda crearse uno solo en el laboratorio de su consciencia individual. Al estar uno con el otro, nos enriquecemos con nuestras presencias y aportaciones, y estas pasan a formar parte de nuestro ser. Acompañamos y nos sentimos acompañados. Despertamos la consciencia de la importancia de participar en la transformación global y en crear un impacto social positivo y generador de vida.

La consciencia plena colectiva nos despierta a la necesidad de crear instituciones positivas y a convertirnos en, o formar parte de, comunidades que influyen y transforman el mundo positivamente.

20. Transparencia

A medida que profundizas en la práctica del mindfulness relacional, te tornas más consciente de tus experiencias internas y con los otros. Te permites ser honesto y vulnerable. Te aceptas y aceptas. Cuando vas penetrando en el silencio pleno, en la meditación contemplativa, vas vaciándote de todo lo que no eres, y en esa vacuidad te abres al gozo, a la presencia y a la plenitud. Al desaparecer tu yo-ego, vas siendo más y más transparente.

La transparencia nos acerca, lo cual nos enriquece mutuamente y facilita que nos comprendamos. Al relajarnos, eliminamos las barreras que existen entre nosotros y nos revelamos de forma más plena. La transparencia afirma el ser interconectado: la vida fluye en ti sin bloqueos, sin necesidad de demostrar.

Siendo consciente de tu interconexión con todo y con el todo, te das cuenta de que lo que piensas, dices y haces tiene un impacto. Cuando escondes, enmascaras, te defiendes, estás actuando desde el ego. La mentira provoca un impacto, te separa, te encierra en lo que no es. Si escondes y engañas, tu interconexión se ve influida por sombras indeseadas y te sientes separado y solo. Sé sincero en tus intercambios. Crea paz y vive en paz. Al deshacernos del no-yo, del yo separado, de lo que no somos, vamos vaciándonos y llegamos a la esencia que es luz, es amor. En ese estado somos un canal, un instrumento.

Cuando miraba a los ojos de Franz Jalics, le sentía como un ser transparente. Había trascendido el yo separado y era en Él y en el Todo. La luminosidad del todo le atravesaba y llegaba a otros y a mí. Cuando estamos relajados, permitimos con nuestra presencia que los demás se relajen y se suelten. En una actitud relajada, abierta, transparente y confiada, reduces el temor y la necesidad de defensa y propicias que las personas puedan comunicar sus sentimientos libremente. Abres canales, gracias a los cuales puedes comunicarte con mayor soltura y transparencia, y permites que los demás puedan comunicar sus sentimientos con confianza y su mundo privado se desvela.

Al vivir de corazón, desde ser *heartful*, eres espontáneo, no reprimes, y tu alegría y espíritu jovial te hacen sentirte ligero. Tu corazón sonríe y haces sonreír. Tu espontaneidad es saludable, no hiere ni es maliciosa. Brota de la inocencia de tu ser, del niño o niña interior. No de una actitud infantil, sino de la actitud abierta a maravillarse por ese instante. Vives el asombro por la vida que fluye en el aquí y ahora.

Nuestra presencia transparente es inspiradora y permite a los otros verse y darse cuenta de dónde están en su caminar vital.

En el silencio… deja reposar tu ser.

Verás que las partículas que flotan en el agua turbia se van depositando en el fondo, y el agua va aclarándose. No te impacientes por los pensamientos que surgen y son como esas partículas suspendidas en el agua. Al aquietar el ser, irán depositándose en el fondo, disolviéndose y disminuyendo hasta que el agua clara y transparente sea atravesada por, y refleje, la luz.

Las palabras ya no son necesarias.
Se ha creado vacuidad en ti.
Es puro silencio vivo.
La transparencia, atravesada e inundada
por la luz,
brinda la claridad.
Vives en plenitud.

Parte IV

Anexo: Meditaciones

https://www.letraskairos.com/mindfulness-relacional-audios

Meditación para sanar

Ahora, si puedes, ponte una música suave y procura sentarte lo más cómodamente posible. Mejor sentada con la espalda erguida, y si no puedes, entonces hazlo acostada ¡Procura no dormirte! Y si te entra somnolencia, abre los ojos y relaja tu mirada en una vela, una flor, en el suelo o en un punto indefinido, sin forzar.

Haz un par o tres de rotaciones de hombros, de manera que descongestiones toda la zona del cuello y los hombros, y ahora relájate.

Relaja las piernas y los pies, ambos apoyados en el suelo.

Relaja el vientre.

Deja que todo tu cuerpo se vaya relajando.

Mantén los hombros ligeramente hacia atrás y el pecho abierto.

Brazos y manos relajados.

Relaja el rostro.

Siente la respiración, tranquila, relajada.

Percibe el aire que entra y el aire que sale.

Percibe el movimiento del diafragma y deja que todo tu ser se relaje en ese movimiento que es como una ola suave que entra y sale.

Cada respiración es como un masaje.

Percibes este movimiento suave del diafragma.

Ahora, presta atención a la mente para liberarte de todo pensamiento negativo e inútil, como: «¿Por qué me pasa esto?», «¿Conseguiré curarme?», «¿Cómo podré continuar?». Este tipo de pensamientos te debilita y tienes la sensación de que ha empeorado la enfermedad.

Suelta los pensamientos, imagina que son como nubes que el viento se las lleva.

Deja de aferrarte al dolor, atrévete a soltarlo. Poco a poco, vas a soltarlo.

Visualiza una energía relajante que recorre todo tu ser. Te envuelve una luz que es pacífica, protectora y que relaja tu mente.

Deja que esa presencia relajante te abrace, te inunde, que vaya penetrando en todos los rincones de tu cuerpo y de tu ser.

Deja que la luz penetre y se asiente en esa parte del cuerpo alterada dándole calor.

Sus rayos penetran pasando a través de los músculos y los tejidos hasta los huesos, penetrando en la más minúscula célula, como si estuvieran buscando cada impureza, disolviendo y llevándose toda la molestia. Es una luz suave, que sosiega y acaricia. Permanece un rato hasta que esa parte de tu cuerpo se relaje y se renueve.

Ahora descubro que han desaparecido el resto de los pensamientos y he llegado a un estado de quietud. Si aparece algún pensamiento, es como una nube, a la que dejo pasar.

Todo mi ser se calma.

En silencio, recupero la calma y la energía.

Permanezco en este silencio calmado, sanador.

Sostengo este momento.

Respiro.

Agradezco ser y estar aquí. Respirando.

Doy las gracias.

Inspiro y, al soltar el aire, me preparo para entrar de nuevo en acción e interacción, manteniendo este espacio de silencio para que mi ser actúe desde la calma.

Gracias.

Meditación «Ser relacional»[103]

Nos disponemos a meditar. Para ello nos sentamos y prestamos atención a la respiración, a estar presente aquí y ahora. Percibimos el movimiento del diafragma con la respiración.

Relajarme y percibir que respiro.

Reconozco que en mí hay muchas voces que vienen de múltiples conversaciones y relaciones que he tenido. Soy el resultado de varias relaciones. Mis bisabuelos, mis abuelos, mis padres. Mis maestros, profesores, mentores, tutores. Mis amigos. Mi familia. Las comunidades en las que he estado, pertenezco o he pertenecido. Agradezco todo lo que me ha llevado hasta aquí.

Mi ser es una red relacional en la que fluye vida.

Soy vida entrelazada con otras vidas.

Las diferentes voces que habitan en mí se van serenando, dejando espacio para la voz que quiere emerger ahora.

Quizá la voz del silencio.

Quizá la voz de Dios.

Quizá la pura presencia.

Permito que mi mente logre serenarse, dejando pasar los pensamientos como si fuesen hojas que se lleva el viento.

Soy presencia, acojo la Presencia.

Soy vida entrelazada con más Vida.

Regreso a la respiración.

Inspiro el aire que otros han espirado.

Inspiro el aire que la naturaleza ha impregnado.

Soy relacional.

En el espacio de silencio, agradezco todas las relaciones que me han
constituido.

Inspiro. Respiro.

...

Cuando estés listo, lentamente vas abriendo los ojos.

Meditación «El yo-Tú»

Me dispongo a entrar en meditación contemplativa. Presto atención a la postura, a relajarme, a percibir.

Me doy un tiempo para silenciar y acallar los ruidos internos y los pensamientos innecesarios. Los dejo pasar.

La mente se va aquietando.

Inspiro lo que me da vida.

Percibo el silencio.

Entro en presencia.

Percibo la Presencia que está en mí y más allá de mí, que todo lo abarca y todo lo abraza.

Presencia luminosa, plena, vital.

Me dejo abrazar por la Presencia. Es Amor.

Soy en ti.

Yo soy, en Ti.

Inspiro: SOY

Espiro: en Ti.

Soy en Ti. Repito estas palabras en mi interior siguiendo la inspiración y la espiración.

Soy en Ti. Melodía que sigue el movimiento respiratorio. Mi ser vive Soy en Ti.

Soy, en Ti.

En Ti, que me aceptas como soy. En Ti, que eres vida y me liberas.

En Ti, que me abrazas, me acoges y me amas. En Ti, que eres Amor.

Soy, en Ti.

Silencio.

Inspiro. Espiro.

Entro en presencia en el cuerpo.

Me dispongo a entrar en acción e interacción.

Cuando me siento lista para entrar en acción, abro los ojos.

Meditación «La compasión»

Me dispongo a entrar en meditación contemplativa. Presto atención a la postura, a relajarme, a percibir la respiración.

Me doy un tiempo para silenciar y acallar los ruidos internos y los pensamientos innecesarios. Los dejo pasar.

Conecto con el centro y el potencial de amor. Estoy presente.

Soy amor.

Permito que el Amor fluya en mí.

El Amor me abraza, me acoge, me acepta tal como soy.

Soy amor.

Percibo la Presencia del Ser Amor.

Pongo frente a mí a alguien con quien no me siento bien. Quizá me ha hecho daño o engañado. Me doy cuenta de que está lejos de su núcleo vital, de su centro de amor. Actúa o actuó desde su ignorancia, desde su yo egoico, desde sus estratos oscuros.

Me permito abrazarme por todo lo que soy.

Soy vida. Soy amor.

Dejo que la Presencia del Amor, que todo lo abarca y todo lo es, fluya y alcance también a esa persona.

La Presencia hace su labor.

Suelto cualquier mal sentimiento y permito que el Amor fluya en mí.

El amor me inunda. La Presencia del tú, Amor, de Dios, calma mi ser.

Me libera.

La Presencia sabe acerca de la otra persona.

Soy Amor en Presencia.

Me vacío de lo que no me pertenece.

Permito que la Presencia fluya en mí.

Tú, Amor, fluyes en mí.

Tú eres en mí.

Inspiro. Espiro.

Tú, Amor, fluyes en mí.

Tú eres en mí.

Entro en presencia en el cuerpo.

Me dispongo a entrar en acción e interacción.

Abro los ojos cuando me siento lista para entrar en acción.

Meditación «¿Quién soy yo?»

Me relajo, respiro profundamente, abro los pulmones haciendo una rotación de hombros hacia atrás, siento las piernas y los brazos relajados. Relajo los hombros y el cuello. Suelto las tensiones. Coloco las manos relajadas sobre las piernas.

Percibo la respiración.
Me dispongo a mantener la quietud en la mente.
Dejo que floten las preguntas: ¿Quién es el yo que piensa? ¿Quién se está dando cuenta de que estoy pensando?
Respiro y escucho en silencio.

Dejo que la pregunta actúe en mí. ¿Quién es el yo que piensa? Voy a la profundidad. Respiro.

¿Quién es el yo que hay detrás de cada pensamiento?
Dejo que la pregunta actúe en mí.
Escucho en el silencio.

...

Con la próxima inspiración, coloca las manos a la altura del pecho. Una palma frente a la otra sin tocarse. Los dedos relajados.

Percibe el centro de las palmas de las manos.

Percibe la energía que fluye del centro de las palmas de las manos.

Percibe el espacio entre las manos, y la vibración que fluye del centro de las palmas de las manos.

Mantén tu atención en ese punto.

Siente la respiración que te acompaña.

Sigue centrada en ese punto del centro de las palmas de las manos.

Percibe.

...

Escucha.

Deja que el yo-ser se manifieste.

...

Regreso al cuerpo dejando las manos relajadas sobre las piernas, percibiendo la sensación que me queda.

Percibo la respiración.

Y cuando me sienta lista, abro los ojos lentamente.

Notas

1. Papa Francisco. *Laudato si*, Encíclica, capítulo 6: «Educación y espiritualidad ecológica». Número 202. Roma, 2015.

2. Este tema lo desarrollamos de una manera viva y dialógica en la certificación presencial y también en *e-learning* de mindfulness relacional, compasión e indagación apreciativa con Roberto Arístegui y Miriam Subirana. Más información en: https://institutoideia.academy/cursos/programa-de-mindfulness-relacional-compasion-e-indagacion-apreciativa-y-practicas-contemplativas/

3. Arístegui, Roberto. «Fenomenología hermenéutica, análisis existencial, mindfulness». *Revista Interamericana de Análisis Existencial*. 2017, número 19.

4. Subirana, Miriam. *La gran liberación: mindfulness y heartfulness*. Barcelona: Editorial Kairós, 2014.

5. Kwee G.T. Maurits. *The skillful art of Heartfulness and Kindfulness in Relational Buddhism*. En: Arístegui, R., García-Campayo, J., y Barriga P. *Relational Mindfulness, Fundamentals and applications*. Cham, Suiza: Springer, 2021, capítulo 2, pág. 24.

6. Kabat-Zinn, Jon. *Full Catastrophe Living*. 1990. Reeditado en 2013 como *Full Catastrophe Living: Using the Wisdom of Your Body and Mind to Face Stress, Pain, and Illness*. Nueva York: Bantam Dell. [Versión en castellano: *Vivir con plenitud las crisis*. Barcelona: Editorial Kairós, 2016.]

7. García Campayo, Javier, y Demarzo, Marcelo. *¿Qué sabemos del mindfulness?* Barcelona: Editorial Kairós, 2018.

8. Kabat-Zinn, J. *Wherever you go, there you are: Mindfulness meditation in everyday life*. Nueva York: Hyperion, 1994, pág. 4.

9. Arístegui, Roberto. «Fenomenología hermenéutica, análisis existencial, mindfulness». *Revista Interamericana de Análisis Existencial*. 2017, número 19.

10. Shonin, E., Van Gordon, W., y Griffiths, M. Current trends in Mindfulness and Mental Health. *International Journal of Mental Health and Addiction*. Suiza: Springer, 2014, 12: págs. 113-115.

11. Para una historia del mindfulness en Occidente más completa, véase el

libro de Javier García Campayo y Marcelo Demarzo. *¿Qué sabemos del mindfulness?* Barcelona: Editorial Kairós, 2018.

12. Arístegui, Roberto. *Fundamentals of Relational Mindfulness*. En: Arístegui, R., García-Campayo, J., y Barriga P. *Relational Mindfulness, Fundamentals and applications*. Cham, Suiza: Springer, 2021, capítulo 1.

13. Arístegui, Roberto, y Araya-Veliz. C. *A framework for relational mindfulness: implications for human development*. En: SteinBach C., Langer, A. *Enhancing Resilience in Youth: Mindful Based Interventions in Positive environments*. Suiza: Springer International Publishing, 2019, pág. 10.

14. Maestro Eckhart. *El fruto de la nada*. (Edición de Amador Vega Esquerra). Madrid: Ediciones Siruela, 2014, 8.ª edición.

15. Main, John. *Una palabra hecha silencio. Guía para la práctica cristiana de la meditación*. Salamanca: Ediciones Sígueme, 2008, pág. 48.

16. Mayor Zaragoza, Federico. En: Subirana, M. *El poder de nuestra presencia*. Barcelona: Editorial Kairós, 2011, prólogo.

17. Aristóteles. *Ética a Nicómaco*. Barcelona: Alianza Editorial, 2.ª ed., 2005 (1153b, pág. 230).

18. García Campayo, Javier y Demarzo, Marcelo. *¿Qué sabemos del mindfulness?* Barcelona: Editorial Kairós, 2018, pág. 102.

19. Epstein, Mark. *Contra el yo, una perspectiva budista*. Barcelona: Editorial Kairós, 1999, pág. 33.

20. García Campayo, Javier, y Demarzo, Marcelo. *¿Qué sabemos del mindfulness?* Barcelona: Editorial Kairós, 2018, pág. 97.

21. Panikkar, Raimon. *La intuición cosmoteándrica. Las tres dimensiones de la realidad*. Madrid: Editorial Trotta, 1999, pág. 85.

22. Arístegui, Roberto. *Fundamentals of Relational Mindfulness*. En: Arístegui, R., García-Campayo, J., y Barriga, P. *Relational Mindfulness, Fundamentals and applications*. Cham, Suiza: Springer, 2021, capítulo 1.

23. Buber, Martin. *Yo y tú*. Barcelona: Herder Editorial, 2017. Escrita en 1923, es la obra más emblemática de este filósofo judío y el punto de partida de la filosofía dialógica.

24. Cebolla, Ausiàs, y Alvear, David. *Psicología positiva contemplativa*. Barcelona: Editorial Kairós, 2019, pág. 253.

25. Eden Tull, Deborah. *Relational Mindfulness*. Somerville, USA: Wisdom Publications, 2018, pág. 11.

26. Farid ud-Din Attar. *El lenguaje de los pájaros*. (Original del siglo XII). Madrid: Alianza Editorial, 2015.

27. Anthony Strano, *Los cuatro movimientos*. 2009 Barcelona, Asociación Brahma Kumaris.

28. Tolle, Eckhart. *El silencio habla*. Ed. Barcelona: Gaia Ediciones, 3.ª edición, 2007, pág. 29.

29. Ibíd., págs. 31 y 36.

30. Gergen, Kenneth. *El ser relacional*. Bilbao: Editorial Desclée De Brouwer, S.A., 2016.

31. Arístegui, Roberto. *Fundamentals of Relational Mindfulness*. En: Arístegui, R., García-Campayo, J., y Barriga P. *Relational Mindfulness, Fundamentals and applications*. Cham, Suiza: Springer, 2021, capítulo 1.

32. Kwee, G.T. Maurits. «The skillful art of Heartfulness and Kindfulness in Relational Buddhism». En: Arístegui, R., García-Campayo, J., y Barriga P. *Relational Mindfulness, Fundamentals and applications*. Cham, Suiza: Springer, 2021, capítulo 2, pág. 44.

33. McNamee. *Radical Presence*. En: Arístegui, R., García-Campayo, J., y Barriga P. *Relational Mindfulness, Fundamentals and applications*. Cham, Suiza: Springer, 2021, pág. 59.

34. Kwee, G.T. Maurits. «The skillful art of Heartfulness and Kindfulness in Relational Buddhism». En: Arístegui, R., García-Campayo, J., y Barriga P. *Relational Mindfulness, Fundamentals and applications*. Cham, Suiza: Springer, 2021, capítulo 2, pág. 44.

35. Thich Nhat Hanh. *El milagro de mindfulness*. Barcelona: Ediciones Oniro, 2011, pág. 65.

36. Panikkar, Raimon. *La intuición cosmoteándrica. Las tres dimensiones de la realidad*. Madrid: Editorial Trotta, 1999, págs. 82, 83 y 85.

37. Ibíd., pág. 87.

38. Tolle, Eckhart. *Un mundo nuevo ahora. Encuentra el propósito de tu vida*. Barcelona: Grijalbo, 2006, pág. 249.

39. Capra, Fritjof. *El tao de la física*. Málaga: Editorial Sirio. Undécima edición, 2017. (Publicado originalmente en 1975).

40. Gergen, Kenneth. *El ser relacional*. Bilbao: Editorial Desclée De Brouwer, S.A., 2016.

41. Araya-Véliz, C., Arístegui, R., y Fosa, P. «Pasos hacia una enacción relacional. Aporte, ambigüedades y limitaciones del concepto *embodied mind* en Francisco Varela: un análisis metateórico». *Mindfulness & Compassion*, 2017; 2(1), págs. 41-46. https://doi.org/10.1016/j.mincom.2016.12.003

42. McNamee, Sheila. Radical Presence, capítulo del libro Relational Mindfulness, Fundamentals and applications, Springer, Cham, Suiza, 2021, pág. 61.

43. Jalics, Franz. *Ejercicios de contemplación*. Salamanca: Ediciones Sígueme, 2013, pág. 142.

44. Maclean, Dorothy. «The Early Days». En: *The Kingdom Within, a guide to the Spiritual Work of the Findhorn Community*. Moray, Scotland: Findhorn Press, 1994, págs. 45, 46-48.
45. Ibíd., pág. 50.
46. Spangler, David. «Cooperation with Pan and the Nature Spirits». En: *The Kingdom Within, a guide to the Spiritual Work of the Findhorn Community*. Moray, Scotland: Findhorn Press, 1994, pág. 105.
47. Quintana, Joan, Cisneros, Arnoldo. *Relaciones poderosas*. Barcelona: Editorial Kairós, 2014, págs 11-12.
48. Main, John. *Una palabra hecha silencio*. Salamanca: Ediciones Sígueme, 200, págs. 53-54.
49. Adam Phillips. »Freud and the uses of forgetting». En: *Flirtration: Essays on the Uncommited Life*. Cambridge, Massachusetts: Harvard University Press, 1996, pág. 102.
50. Melloni, Javier. *El deseo esencial*. Santander: SalTerrae, 2009.
51. Axelrod, A. *Gandhi. CEO*. New York: Sterling, 2010, pág. 22.
52. Se puede encontrar más información sobre este tema en Wikipedia, escribiendo «soberanía alimentaria».
53. Gergen, Kenneth. *Relational Being: Beyond Self and Community*. Nueva York: Oxford University Press, 2011, pág. 25.
54. Schellenbaum, Peter. *La herida de los no amados. El estigma de la falta de amor*. Barcelona: Editorial Ibis, 1993, pág. 45.
55. Sinay, Sergio. *Esta noche no, querida. El fin de la guerra de sexos y la aceptación de los valores masculinos*. RBA Libros, Barcelona, 2004, págs. 137-139.
56. Cooperrider, D.L., Whitney, D., Stavros, J.M. *The appreciative Inquiry Handbook*. Brunswick: Crown Custom Publishing, 2008.
57. Modelo acuñado por Stavros, J.M. *The thin book of SOAR: Creating Strategy That Inspires Innovation and Engagement*. Bend, OR: Thin Book Publishing Co., 2019.
58. Vogt, E.E., Brown, J., Isaacs, D. *The art of powerful questions*. Mill Valley: Whole Systems Associates, 2003, pág. 5.
59. D'Ors, Pablo. *Biografía del silencio*. Madrid: Ediciones Siruela, 2012.
60. Bushe G. R. «Appreciative Inquiry is not (just) about the positive». *OD Practitioner*, 2007; vol. 39, n.º 4, págs. 30-35.
61. Profundicé en este tema en Subirana, Miriam. *Florecer juntos*. Barcelona: Editorial Kairós, 2016.
62. Radford, Anne. *Appreciative Practitioner*, 2009, págs. 3-4.
63. Subirana, Miriam. «Creativity: pathways toward appreciative leadership».

En: Neal J. (ed.). *Handbook of Personal and Organizational Transformation*. Berlín: Springer International Publishing AG, 2018.

64. Stavros, J.M., y Torres, Ch. Conversations worth having. Oakland: Berrett-Koehler Publishers, Inc. a BK Life Book, 2018.

65. Gergen, Kenneth J. *Towards transformation in social knowledge*. Londres: Sage, 1994.

66. Gergen, Kenneth J. y Mary Gergen. *Social construction: Entering the dialogue*. Chagrin Falls (Ohio): Taos Institute Publications, 2004.

67. Gergen, Kenneth J. «Toward a Relational Humanism». *Journal of Humanistic Counseling*, 2015.

68. Mayor-Zaragoza F. «Prólogo». En: Miriam Subirana. *El poder de nuestra presencia*. Barcelona: Editorial Kairós, 2011, pág. 12.

69. Gergen, K.J. «Toward relational leading». Artículo en *AI Practitioner* n.º 18(3), Londres 1016, págs. 28-35.

70. Barret, F. Yes to the Mess. Surprising Leadership Lessons from Jazz. Cambridge: Harvard Business Review Press; 2012

71. Niemandt, C.J.P. «Five Years of Missional Church – Reflections on Missional Ecclesiology». *Southern African Journal of Missiology*. 2010. volume 38, number 3, págs. 397-413.

72. De Jong, Joep. Capítulo sobre liderazgo, en: Miriam Subirana. *Florecer Juntos*. Barcelona: Editorial Kairós, 2016, pág. 203.

73. Véase esta formación en línea, aquí: https://institutoideia.academy/cursos/del-feedback-al-feedforward-la-realimentacion-apreciativa/

74. Más información en: https://institutoideia.academy/cursos/convertirse-y-ser-un-thinking-partner-fase-i/

75. Cooperrider, David L. y Godwin, Lindsey N. «Desarrollo positivo de las organizaciones». En: Miriam Subirana y David Cooperrider. *Indagación apreciativa. Un enfoque innovador para la transformación personal y de las organizaciones*. Barcelona: Editorial Kairós, 2013, capítulo 5.

76. De Jong, Joep. Capítulo sobre liderazgo, en: Miriam Subirana. *Florecer Juntos*. Barcelona: Editorial Kairós, 2016, págs. 203-204.

77. Nisargadatta Maharaj, *Yo soy ESO, conversaciones con Sri Nisargadatta Maharaj*, Málaga: Editorial Sirio, 2017, págs. 23 y 665.

78. Ramana Maharshi. *Sé lo que eres. Las enseñanzas de Sri Ramana Maharshi* (editado por David Godman). 4.ª edición. Tiruvannamalai, India: Sri Ramanasramam. 2013, págs. 121, 171, 174, 175 y 181-182.

79. Citado por Eckhart Tolle. *El silencio habla*. Barcelona: Ediciones Gaia, 3.ª edición. 2007, pág. 36.

80. Ramana Maharshi. *Sé lo que eres. Las enseñanzas de Sri Ramana Maharshi* (editado por David Godman). 4.ª edición. Tiruvannamalai, India: Sri Ramanasramam, 2013, pág. 27.

81. Subirana, Miriam. *Meditación contemplativa.* Barcelona: Kairós, 2020, págs. 216-218.

82. Ramana Maharshi. *Sé lo que eres. Las enseñanzas de Sri Ramana Maharshi* (editado por David Godman). 4.ª edición. Tiruvannamalai, India: Sri Ramanasramam, 2013, pág. 82.

83. Buber, Martin. *Yo y tú.* Barcelona: Editorial Herder, 2017. 1974, pág. 21.

84. Nhat Hanh, Thich. *Interbeing: fourteen guidelines for engaged Buddhism.* 3.ª edición. Berkeley: Parallax Press, 1998.

85. Ibíd., pág. 23.

86. Panikkar, Raimon. *La intuición cosmoteándrica. Las tres dimensiones de la realidad.* Madrid: Editorial Trotta, 1999, pág. 153.

87. Scharmer, Otto. *Addressing the Blind Spot of Our Time an Executive Summary of the New Book by Otto Scharmer Theory U: Leading from the Future as It Emerges.* Cambridge, Massachusetts: Society for Organizational Learning, 2007.

88. Jalics, Franz. *Ejercicios de contemplación.* Salamanca: Ediciones Sígueme, 2013, pág. 71.

89. Tolle, Eckhart. *El silencio habla.* Barcelona: Ediciones Gaia. 3ª ed., 2007, pág. 31.

90. Ibíd., págs. 32 y 34.

91. Otras versiones de la traducción de esta cita: «No es lo que te pasa, es cómo te lo tomas. El dolor y el sufrimiento vienen de lo que nos contamos a nosotros mismos sobre las consecuencias, sobre el futuro, sobre lo que va a pasar como resultado de lo que ha pasado». «No son las cosas las que turban a los hombres, sino la idea que se hacen de ellas». En Wikipedia esta cita de Epicteto figura así: «Los hombres no se perturban por las cosas, sino por la opinión que tienen de estas».

92. Nhat Hanh, Thich. *Interbeing: fourteen guidelines for engaged Buddhism.* 3.ª edición. Berkeley: Parallax Press, 1998, pág. 31.

93. Nisargadatta Maharaj, *Yo soy ESO, conversaciones con Sri Nisargadatta Maharaj,* Málaga: Editorial Sirio, 2017, pág. 230.

94. Nhat Hanh, Thich. *Interbeing: fourteen guidelines for engaged Buddhism.* 3.ª edición. Berkeley: Parallax Press, 1998, pág. 36.

95. Ruiz, Miguel. *Los cuatro acuerdos: una guía práctica para la libertad personal.* Barcelona: Editorial Urano, 1998

96. Pablo d'Ors. «El fundamento de la confianza». *ABC*. 24 de julio de 2015, pág. 3.

97. Thich Nhat Hanh. *Enseñanzas sobre el amor*. 1.ª edición. Barcelona: Editorial Oniro, 1998, pág. 8.

98. Giacobbe, Giulio Cesare. *Cómo convertirse en Buda en cinco semanas*. Barcelona: Editorial Grijalbo, 2007.

99. Ruiz, Miguel. *Los cuatro acuerdos: una guía práctica para la libertad personal*. Barcelona: Editorial Urano, 1998.

100. Quintana, J., Cisneros, A. *Relaciones poderosas*. Barcelona: Editorial Kairós, 2014, págs. 147-148.

101. Sanchís, Ima. *El don de Arder. Mujeres que están cambiando el mundo*. Barcelona: RBA, 2004, pág. 196.

103. Subirana, Miriam. *Meditación contemplativa: presencia, gozo y silencio*. Barcelona: Editorial Kairós, 2020, págs. 281-282, 284-285, 286-287 y 301-302. Aquí encontrarás una serie de meditaciones que están grabadas y publicadas en este libro (está también en *e-book*): puedes acceder a estas meditaciones y a más de veinte meditaciones grabadas.

editorial **K**airós

Puede recibir información sobre
nuestros libros y colecciones inscribiéndose en:

www.editorialkairos.com
www.editorialkairos.com/newsletter.html

Numancia, 117-121 • 08029 Barcelona • España
tel. +34 934 949 490 • info@editorialkairos.com